ethikos 7

Herausgegeben von
Stefan Applis und
Marie Ulrich-Riedhammer

Verfasst von
Stefan Applis, Alexander Frank, Bernhard Emer,
Sabine Goller-Kliem, Christiane Michaelis,
Thorsten Schimschal, Anke Thyen,
Marie Ulrich-Riedhammer und Ulrich Winter

Unter Beratungen von Amin Rochdi

Oldenbourg Schulbuchverlag, München

Liebe Schülerin, lieber Schüler,

ethikos 7 soll dich in einem Fach begleiten, in dem es um ethische Orientierung geht: Wie finde ich meinen Weg im Leben? Wie kann ich gut mit anderen zusammenleben? Wie treffe ich die richtige Entscheidung, wenn es darauf ankommt? Damit du dich immer gut zurechtfindest, geben wir dir hier eine Wegbeschreibung:

Es gibt drei Themenbereiche, die jeweils mit einer **Themen-Startseite** beginnen. Auf diesen Seiten findest du Texte, Fragen und Bilder, die dir helfen, deine eigenen Fragen zum Thema zu formulieren und von deinen eigenen Erfahrungen zu berichten.

In jedem Themenbereich findest du drei oder vier Kapitel, die jeweils mit einer **Kapitel-Startseite** beginnen. Auf dieser Seite werden die Fragen konkreter und du erhältst einen Überblick über die Inhalte des Kapitels.

➲ *Ethik S. 133*

Viele grundlegende Methoden des Fachs sind Methoden aus der Philosophie, denn Ethik und Philosophie hängen eng miteinander zusammen. In jedem Themenbereich werden eine oder mehrere Methoden in Methodenboxen vorgestellt, damit du sie üben und anwenden kannst. In Infoboxen ist ergänzendes Überblickswissen zusammengefasst.

Ⓜ METHODEN
Ⓘ INFOBOX
Ⓐ AUFGABEN
Ⓓ DENKRAUM

Neben den Aufgaben gibt es in jedem Kapitel Denkräume. Sie bieten besondere Aufgaben an, zwischen denen du manchmal auch wählen kannst. Und es gibt einige knifflige Aufgaben für Spezialisten und Aufgaben, in denen ihr gemeinsam das Gelernte in einem Projekt anwenden könnt.

➲ *Internetrecherche S. 143*

Am Seitenrand findest du **Worterklärungen, Tipps und weitere Informationen** zur Lösung der Aufgaben. Ein Pfeil ➲ zeigt dir, wo du nachschlagen oder weiterarbeiten kannst.

1 Im Familienrat argumentieren

Zusätzliche Inhalte werden im Inhaltsverzeichnis und in der Kopfzeile grau dargestellt. Sie sind optional zu behandeln und ergänzen und vertiefen die verpflichtenden Inhalte.

Zurückblicken und Weiterdenken

Auf der Schlussseite jedes Kapitels überlegst du beim Zurückblicken, was und wie du gelernt hast, und schätzt deinen Lernerfolg selbst ein. Beim Weiterdenken hast du die Möglichkeit, andere Aspekte des Themas kennenzulernen oder das Gelernte auf andere Probleme anzuwenden.

Jederzeit kannst du im Ethik-Lexikon die wichtigsten Begriffe zu den behandelten Themen nachschlagen. Das Methoden-Glossar hilft dir beim Lösen der Aufgaben und fasst im Buch verwendete Methoden noch einmal übersichtlich zusammen.

Wir wünschen dir viel Freude und Erfolg auf deinem Weg!

1 Islam

2 Konflikte und ihre Regelung

3 Erwachsen werden

1 Islam

- Stimmt es, dass sich Christentum und Islam näher sind, als viele sagen?
- Was heißt es, als Muslim oder Muslimin zu leben? Was bedeutet dies für das Verhältnis zu anderen Menschen?
- Was heißt es, als Muslimin oder Muslim in Deutschland zu leben?
- Können Gläubige verschiedener Religionen friedlich in einem Land zusammenleben?

1 Grundlagen einer Weltreligion

1

Übrigens

*Kronprinz Scheich Moham-
med Bin Zayed Al Nahyan
ordnete 2017 die Umbenen-
nung der ursprünglich nach
ihm benannten Moschee an,
um die „Verbundenheit zwi-*5*
schen Gläubigen verschiedener Religionen" zu festigen.*

Allah: *arabisch* al-illah = der
(eine) Gott (auch arabisch
sprechende Juden und Christen nutzen diese Vokabel)*10*

 **Aufgaben**

 *Ethik S. 133*

Die abgebildete Moschee heißt „Maria, die Mutter von Jesus" und steht in Abu Dhabi in den Vereinigten Arabischen Emiraten. Auch wenn es manche überraschen mag: Jesus, die Gründerfigur des Christentums, ist im Koran eine bedeutende Gestalt. In den heiligen Schriften der Muslime wird das Leben Jesu vom Anfang bis zum Ende beschrieben. Jesus ist der Prophet, der Mohammed unmittelbar vorangeht, mit Mohammed schließlich offenbart Allah nach Auffassung gläubiger Muslime seinen endgültigen Willen. Zuvor hat Allah durch den Propheten Jesus seinen Willen in der Welt wirken lassen. Jesus wird im Koran als „Geist Gottes" (Sure 3, Vers 49) bezeichnet. Er ist jedoch nicht der Sohn Gottes, sondern das Wort Gottes.

1. Stelle Vermutungen dazu an, woran zu erkennen ist, dass es sich bei dem abgebildeten Gebäude um eine Moschee handelt.
2. In den heiligen Texten des Islam und des Christentums kommen einige Personen wie beispielsweise Propheten gleichermaßen vor und auch manche ethischen Grundlagen sind vergleichbar.
   a) Nenne die im Text genannten Gemeinsamkeiten und finde weitere Beispiele.
   b) Überlegt gemeinsam, welche Bedeutung dies für Gläubige beider Religionen haben kann.

In diesem Kapitel geht es um die Geschichte des Islam, unterschiedliche Glaubensrichtungen innerhalb dieser Weltreligion und Gemeinsamkeiten mit dem Christentum. Bestimmt wissen mehrere von euch schon einiges zu diesen Themen. Bringe dein Wissen und deine Erfahrungen gegebenenfalls in den Unterricht ein.

Mohammed – der Prophet

Musliminnen und Muslime sehen in Mohammed den letzten und bedeutendsten Propheten Gottes, weil er nach ihrer Überzeugung den Koran als Wort Gottes an die Gläubigen überbracht hat. Deshalb ist der Koran die Heilige Schrift der Muslime und alles, was darin gesagt wird, fester Bestandteil

5 ihres Glaubens. Daneben sind Hadithe für eine fromme Lebensführung von Bedeutung, die in der sogenannten Sunna zusammengefasst sind.

Wie in den anderen monotheistischen Religionen auch sind solche heiligen Schriften wichtig für die Gläubigen, weil sie daraus die Grundlagen ihrer Religion entnehmen und mit ihrer Hilfe versuchen zu verstehen, wie sie sich

10 vor den Augen Gottes richtig verhalten sollen.

Was wissen wir über das Leben des Propheten? Mohammed wird 570 nach westlicher Zeitrechnung in Mekka geboren. Sein Vater Abdallah starb vor seiner Geburt und seine Mutter Amina starb, als er sechs Jahre alt war. Mohammed wuchs in einer polytheistischen Umgebung auf, das heißt, die Menschen ver-

15 ehrten viele Götter gleichzeitig. Da der Onkel, bei dem er fortan lebte, Händler war, lernte Mohammed früh andere Kulturkreise außerhalb Arabiens kennen. Schon als 12-Jährigem soll ihm von dem christlichen Mönch Sergius Bahīrā vorausgesagt worden sein, dass er einmal ein großer Prophet werden würde.

Der von Mohammed begründete Islam sieht wie das Judentum und das

20 Christentum in Abraham (arabisch: *Ibrahim*, Vater der Völker) seinem geistigen Stammvater. Ismael, der Sohn Abrahams und Halbbruder von Isaak, ist Stammvater der arabischen Stämme und damit aller Muslime; Isaak der Stammvater der Juden und Christen. Als Angehörige einer Schriftreligion (Tora/Tanach sowie Altes und Neues Testament) erkannte Mohammed Ju-

25 den und Christen an, vermutlich auch deswegen, weil sie an nur einen Gott glaubten und den Polytheismus der arabischen Halbinsel ablehnten. Mit dem Glauben an nur einen Gott war im Judentum und Islam auch ein Verbot verbunden, Gott abzubilden, um seine Bedeutung hervorzuheben und um zu betonen, dass er dem Menschen nicht vergleichbar ist. Bis auf wenige

30 Ausnahmen finden sich in jüdischen Synagogen und islamischen Moscheen weder Abbildungen Gottes noch von Religionsstiftern, Menschen oder Tieren.

Wir besitzen nicht viele Informationen über Mohammeds Kindheit und Jugend. So wissen wir nur, dass er mit 25 Jahren die 15 Jahre ältere Geschäfts-

35 frau Chadidscha heiratete und 25 Jahre bis zu ihrem Tod eine glückliche Ehe mit ihr führte.

Zehn Jahre vor Chadidschas Tod, gegen 610, empfängt nach Auslegung der islamischen heiligen Schriften Mohammed zum ersten Mal durch den Erzengel Gabriel göttliche Offenbarungen. Schließlich erhält Mohammed diese

40 auch direkt durch Allah. Wichtigste Quelle hierfür ist die Prophetenbiografie (*Sira*) des Ibn Ishaq (geb. 710 in Medina).

Als **Prophet** wird ein Mensch bezeichnet, durch den Gottes Wille übermittelt wird.

der Koran: älteste Quelle des Islam, besteht aus Suren (Singular: die Sure)

Das Wort **Koran** ist abgeleitet von dem arabischen Wort qara – es heißt zunächst „hersagen, deklamieren, rezitieren", dann auch „lesen". Er wird auch Schrift (Kitab) genannt; **Sure** bedeutet „Reihe" oder „Text".

die Hadithe (Singular: der Hadith): Bericht, Gespräch, Mitteilung = Sammlung von Aussagen Mohammeds über sein Leben und sein Verhalten

die Sunna: Brauch, vorbildlicher Weg, Tradition des Propheten = die Sammlung aller Hadithe

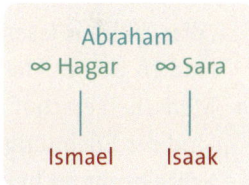

der Polytheismus: polys = viel, theós = Gott

1

A Aufgaben

1. Erläutere anhand des Textes auf S. 9 die Bedeutung Mohammeds für den Islam.
2. Nenne Gemeinsamkeiten zwischen den auf Abraham zurückgehenden Religionen und gib die Gründe wieder, die der Text für diese Gemeinsamkeiten anführt.
3. Erläutere, welche Bedeutung dem Koran als Textquelle im Islam zukommt.

Die Offenbarung Mohammeds

Die erste Begegnung Mohammeds mit Gabriel wird in der Biografie des Ibn Ishaq folgendermaßen geschildert:

> Als ich schlief, so erzählte der Prophet später, trat der Engel Gabriel zu mir mit einem Tuch wie aus Brokat, worauf etwas geschrieben stand, und sprach: „Lies!" „Ich kann nicht le-
> 5 sen", erwiderte ich. Da presste er das Tuch auf mich, sodass ich dachte, es wäre mein Tod. Dann ließ er mich los und sagte wieder: „Lies!"

Nach viermaliger Aufforderung fragte dann Mohammed:

> „Was soll ich lesen?" Da sprach er: „Lies im Namen deines Herrn, des Schöpfers, der den
> 10 Menschen erschuf aus geronnenem Blut! Lies! Und der Edelmütigste ist dein Herr, Er, der das Schreibrohr zu brauchen lehrte, der die Menschen lehrte, was sie nicht wussten." (Sure 96, 1–5) Ich wiederholte die Worte, und als ich ge-
> 15 endet hatte, entfernte er sich von mir. Ich aber erwachte, und es war mir, als wären mir die Worte ins Herz geschrieben.

Offenbarung des Propheten Mohammed am Berg Hira, Türkische Miniatur, Ende 16. Jahrhundert (Kopie nach Manuskript von 1368)

der Brokat *(von ital. broccare = durchwirken): Seidenstoff mit eingewebten Gold- und Silberfäden*

➲ *Bildverstehen S. 139*

4. a) Lies den Text und beschreibe genau, wie die Begegnung Mohammeds mit Gabriel abgelaufen ist.
   b) Erläutere, wodurch dargestellt wird, dass die Offenbarung etwas ganz Besonderes ist.
5. Interpretiere die Abbildung, in der dargestellt ist, wie Mohammed Gottes Offenbarung empfängt. Betrachte dabei genau die Darstellung Mohammeds.
6. Vergleicht die Darstellung der Offenbarung in Text und Bild miteinander.

schied zwischen Gott und seiner Schöpfung, seinen Geschöpfen nicht. Gott offenbart sich in der Schöpfung und seinen Geschöpfen, aber nur er ist heilig.

1. **a)** Fasse den Text in einem Satz zusammen.
   b) Stelle auf Basis deiner bisherigen Kenntnisse und Vermutungen sowie mithilfe der Infobox Gemeinsamkeiten mit Judentum und Christentum heraus.

Aufgaben **A**

 INFOBOX

Glaubensgrundsätze

Das rechte Verhalten gegenüber Allahs Willen steht im Mittelpunkt des Islam. Der einzelne Gläubige ist stark in Familie und Glaubensgemeinschaft eingebunden. Über den Koran verteilt finden sich Worte, in denen von den Pflichten des Muslims gesprochen wird – sie wurden zusammengefasst als **Fünf Säulen des Islam:**

1 Das täglich zu sprechende **Glaubensbekenntnis** (*Schahāda*): „Ich bekenne, dass es keinen Gott außer Gott gibt und Mohammed sein Prophet ist".

2 Das tägliche **Pflichtgebet** (*Salāt*) mit fünf Gebetsübungen: Das Pflichtgebet verlangt innere und äußere Reinheit; die Gebete sind vorgeschrieben, sie werden in Richtung Mekka gesprochen.

3 Die **Almosengabe** (*Zakāt*) an Arme: Sie war ursprünglich eine Armensteuer und drückt Barmherzigkeit gegenüber den Armen aus.

4 Das **Fasten** (*Saum*): In der Fastenzeit (*Ramadan*) wird von der Morgen- bis zur Abenddämmerung gefastet.

5 Die **Pilgerfahrt nach Mekka** (*Haddsch*): Sie ist allen Muslimen vorgeschrieben, sofern sie fähig zur Reise sind.

Gebote im Islam

22 Setz nicht (dem einen) Gott einen anderen Gott zur Seite, damit du (schließlich) nicht getadelt und verlassen dasitzt! 23 Und dein Herr hat bestimmt, dass ihr ihm alleine dienen sollt. Und zu den Eltern (sollst du) gut sein. Wenn eines von ihnen (Vater oder Mutter) oder (alle) beide bei dir (im Haus) hochbetagt geworden (und mit den Schwächen des Greisenalters behaftet) sind, dann sag nicht „Pfui!" zu ihnen und fahr sie nicht an, sondern sprich ehrerbietig zu ihnen, 24 und senke für sie in Barmherzigkeit den Flügel der (Selbst)erniedrigung (d.h. benimm dich ihnen gegenüber aus Barmherzigkeit

freundlich und gefügig) und sag: „Herr! Erbarm dich ihrer (ebenso mitleidig), wie sie mich aufgezogen haben, als ich klein (und hilflos) war!" 25 Euer Herr weiß sehr wohl, was ihr in euch bergt. (Er erkennt) falls ihr rechtschaffen seid (euren guten Willen an, auch wenn ihr seinen Geboten nicht durchweg nachzukommen vermögt). Den Bußfertigen ist er bereit zu vergeben. 26 Und gib dem Verwandten, was ihm (von Rechts wegen) zusteht, ebenso dem Armen und dem, der unterwegs ist (oder: dem, der dem Weg (Gottes) gefolgt (und dadurch in Not gekommen) ist [...] Aber sei dabei nicht ausgespro-

1

chen verschwenderisch! 27 Diejenigen, die verschwenderisch sind, sind Räuber der Satane. Und der Satan ist seinem Herrn gegenüber undankbar. [...] 31 Und tötet nicht eure Kinder aus Furcht vor Verarmung! Wir bescheren ihnen und euch (den Lebensunterhalt). Sie zu töten ist eine schwere Verfehlung. 32 Und lasst euch nicht auf Unzucht ein! Das ist etwas Abscheuliches – eine üble Handlungsweise! 33 Und tötet niemand, den (zu töten) Gott verboten hat, außer wenn ihr dazu berechtigt seid! Wenn einer zu Unrecht getötet wird, geben wir seinem nächsten Verwandten Vollmacht (zur Rache). Er soll (aber) dann im Töten nicht maßlos sein [...].

Ihm wird ja (beim Vollzug der Rache) geholfen. 34 Und tastet das Vermögen der Waise nicht an, es sei denn auf die (denkbar) beste Art! (Lasst ihr Vermögen unangetastet) bis sie volljährig geworden ist (und selber darüber verfügen darf)! Und erfüllt die Verpflichtung (die ihr eingeht)! Nach der Verpflichtung wird (dereinst) gefragt. 35 Und gebt, wenn ihr zumesst, volles Maß und wägt mit der richtigen Waage! 36 Und geh nicht einer Sache nach, von der du kein Wissen hast! Gehör, Gesicht und Verstand (Herz), – für all das wird (dereinst) Rechenschaft verlangt. 37 Und schreite nicht ausgelassen (und überheblich) auf der Erde einher!   Sure 17, 22–37

⮫ *Glaubensgrundsätze S. 13*

Tipp

Die 10 Gebote findet ihr auch auf S. 29 f.

2. Lege in Stichworten eine Liste der Gebote an, die die Sure formuliert.
3. Bringe die Gebote in Verbindung mit den 5 Säulen des Islam.
4. Vergleicht eure Ergebnisse mit den 10 Geboten der jüdisch-christlichen Tradition.

Verschiedene Glaubensrichtungen

In der islamischen Tradition gibt es zwei Hauptkonfessionen und zusätzlich verschiedene Glaubensrichtungen. Glücklicherweise haben die Freunde Isaf, Aabida und Navid damit keine Probleme.

Übrigens

Im Christentum ist das nicht grundsätzlich anders. Die beiden in Deutschland am häufigsten vorkommenden Richtungen (Konfessionen) sind evangelische und katholische Christen.

Isaf *(lachend):* Hey, ihr Ungläubigen, ihr wisst schon, dass ihr mal in die Hölle kommt, oder?

Aabida *(scherzend):* Das sagt gerade der Richtige! Ihr habt ja gar nicht den richtigen Koran, ihr Aleviten! Ihr behauptet einfach, Ali, der Weise, hätte noch mehr Text von Mohammad erhalten!

Navid: Spaß beiseite, ihr Witzbolde. Ihr wisst schon, dass die Frage danach, wer die richtigen Texte hat, für jede Menge Ärger sorgt zwischen Sunniten, Schiiten und Aleviten.

Aabida: Natürlich, aber man darf das nicht zu ernst nehmen, finde ich. Im Grunde wollen wir alle doch dasselbe: aufrichtig, freundlich, barmherzig und gerecht gegenüber den Menschen sein und Gott achten.

Isaf: Das stimmt, wir achten alle Allah als gerechten und weisen Schöpfer – und wer etwas Schlechtes tut, wie zu lügen, ist weder ein echter Alevit noch ein echter Muslim.

Aabida: Aber auch kein echter Christ und kein echter Jude! *(Alle lachen.)*

Navid: Im Grunde geht es im Streit um die richtige Religion meistens um Macht und den Wettkampf zwischen einzelnen Ländern um die Vorherrschaft. Wir Schiiten können da wirklich ein Lied davon singen, was es heißt, wenn man zur Verteidigung des Glaubens in den Krieg geschickt werden soll.

Aabida: Das ist leider bei uns Sunniten nicht anders – Religion sollte Privatsache sein, kein Grund, aufeinander loszugehen. Ich persönlich finde es nicht so wichtig, ob Ali, der Schwiegersohn und Vetter Mohammads, dessen Nachfolger sein sollte wie bei euch Schiiten oder jeder Gläubige das sein kann wie bei uns Sunniten.

35

Isaf: Stimmt, das ist alles so lange her und von Menschen aufgeschrieben worden – die können sich auch getäuscht haben. Das Wichtigste sollte für uns der Koran als Wort Gottes sein! Daran glauben wir ja alle irgendwie.

40

Aufgaben Ⓐ

1. a) Lest das Gespräch mit verteilten Rollen.
   b) Gebt wieder, welche möglichen Probleme nach Ansicht der Freunde zwischen Schiiten, Aleviten und Sunniten auftreten können.
   c) Erklärt, wie die Freunde zu diesen Problemen stehen.
2. Erstelle unter Ergänzung der Informationen aus der Infobox und deinen bisherigen Erkenntnissen eine Tabelle, in der du Gemeinsamkeiten und Unterschiede der drei thematisierten Glaubensrichtungen erfasst.
3. Beurteile den Umgang der Jugendlichen untereinander: Wie gehen sie mit ihren verschiedenen religiösen Hintergründen um?

ⓘ INFOBOX

Gläubige und Hauptkonfessionen

Die islamische Religion hat sich nach dem Tod Mohammeds in **zwei Hauptkonfessionen** aufgespalten, welche wiederum vielfach nach verschiedenen Glaubensströmungen unterteilt sind.

Sunniten bilden die größte Gruppe der Gläubigen im Islam. Die Selbstbezeichnung leitet sich ab von dem arabischen Wort Sunna (*Sunna* = Brauch, vorbildlicher Weg). Außerdem werden Texte bestimmter Rechtsschulen anerkannt. Diese geben Auskunft darüber, welche Handlungen als gut und welche als schlecht zu bewerten sind. Sunniten sehen sich der Gruppe von Gläubigen zugehörig, die aus dem Kalifat Abu Bakrs hervorgehen, der 632 n. Chr. Mohammeds Nachfolge antrat.

Schiiten (*Schia* = Partei) stellen die Bevölkerungsmehrheit nur in den Staaten Iran, Irak, Oman, Libanon, Aserbeidschan und Bahrain. Sie gründen ihre Herkunft nicht auf das Kalifat Abu Bakrs, sondern auf Ali ibn Abi Talib, den Cousin Mohammeds als rechtmäßigen Nachfolger des Propheten. Er wird auch als Führer in Glaubensfragen angesehen.

Aleviten glauben daran, dass Gott den Menschen in den Gestalten Hak, Mohammed und Ali offenbart ist. Dies ist so weder mit dem Koran noch mit muslimischen Lehren vereinbar. Kennzeichnend ist auch, dass sie noch weitere Texte als heilig anerkennen, welche sich auf Ali und weitere Verwandte Mohammeds beziehen. Aleviten unterscheiden sich untereinander vielfach, je nachdem, aus welchen Regionen und Staaten sie stammen. In Deutschland fühlen sie sich in der Regel nicht dem muslimischen Glauben zugehörig, obwohl diese Zuordnung sich individuell unterscheiden kann.

1

A Aufgaben

Zurückblicken

1. Fasse die wesentlichen Stationen im Leben Mohammeds zusammen.
2. Nenne zentrale Unterschiede zwischen Sunniten und Schiiten und erkläre, weshalb diese Unterschiede von vielen Gläubigen als grundlegend angesehen werden.
3. Erkläre, wie man begründen könnte, dass Jesus und Mohammed „Brüder im Glauben" sind.

Übrigens

Ein deutsches Mode-Label stellt Kleidung mit dem Schriftzug Jesus & Mohammed – brothers in faith *her.*

Weiterdenken

4. Bereitet einen Moscheebesuch in der Nähe eures Schulortes vor. Erstellt dazu eine Liste mit Fragen, die euch besonders interessieren.
   BEISPIELE
   - Wie läuft ein Moscheebesuch eines Gläubigen ab?
   - Welche Bedeutung haben die Einrichtungsgegenstände im Gebetsraum? Was bedeuten die arabischen Schriftzeichen an den Wänden?
   - Wie viele Menschen kommen zu welchen Gebetszeiten?
   - Gibt es wie in christlichen Gemeinden Kinder- und Jugendgruppen?
   - Zu welchen Festen treffen sich die Menschen hier? Wie wird gefeiert?
5. Recherchiere, wie viele Muslime in Deutschland, welcher Glaubensrichtung zugehörig sind. Erstelle hierzu ein Kreisdiagramm.

➲ *Internetrecherche S. 143*

   a) Recherchiere die genauen Prozentzahlen.
   b) Rechne die Prozentzahlen zu Kreisanteilen in Grad um.
   c) Zeichne das Kreisdiagramm und beschrifte es.

Projekt: Weltkarte des Islam

Erstellt in Gruppenarbeit eine Weltkarte oder mehrere regionale Karten des Islam auf einem Plakat.

Ihr solltet Schritt für Schritt vorgehen. Was heißt das? Ihr erledigt erst Vorarbeiten. Dann erstellt ihr das eigentliche Plakat. Zum Abschluss überprüft ihr, ob alles passt. Ihr könnt euch an den Schritten 1 bis 11 orientieren.

1

Das Plakat vorbereiten

Schritt 1 Sammelt Informationen oder Materialien, mit denen ihr zeigen könnt, welche Bedeutung die Weltreligion Islam hat.

Schritt 2 Findet Karten, Fotos von bedeutenden Bauwerken, Texte über gläubige Muslime oder Ausschnitte aus Büchern über Ereignisse, die etwas über die Verbreitung des Islam erzählen.

BEISPIELE
* unterschiedliche Strömungen im Sunnitentum und im Schiitentum,
* Verbreitung in verschiedenen Staaten, z. B. Türkei, Iran, Saudi-Arabien ...

Schritt 3 Notiert unter der Überschrift „Weltkarte des Islam", welche Aspekte ihr in einer Weltkarte berücksichtigen möchtet.

Schritt 4 Stellt Informationen darüber zusammen, welche Traditionen oder religiösen Gewohnheiten Menschen verschiedener Glaubensströmungen im Islam vertreten. Haltet sie in kurzen Stichpunkten in euren Ethikheften fest.

BEISPIEL
* Sunnitentum: unterschiedliche Rechtsschulen der Hanafiten, Malikiten, Hanbaliten und Schafiiten

Schritt 5 Bildet nun Expertengruppen, die sich mit einem bestimmten Unterthema weiter beschäftigen.

BEISPIELE
* Schiitentum: Zwölferschiiten, Alawiten, Ismailiten
* berühmte Bauwerke unterteilt nach Moscheen, Koranschulen und Grabmälern, um die Vielfalt islamischer Architektur und Kunst sichtbar zu machen

Das Plakat erstellen

Schritt 6 Wählt aus allen Materialien diejenigen aus, die auf eurer Weltkarte des Islam erscheinen sollen.

Schritt 7 Überlegt euch, wie ihr auf dem Plakat das Material zu einem Gesamtbild zusammenstellen könnt.

Schritt 8 Entwerft dazu erst einmal eine Vorskizze. Beratet euch mit Freunden und fragt eure Ethiklehrkraft.

Schritt 9 Erstellt eure Weltkarte. Überprüft nochmals, ob ihr alles Wichtige beachtet habt, bevor ihr euch an die Arbeit macht.

Falls ihr mehrere (Welt-)Karten mit jeweils unterschiedlichen thematischen Schwerpunkten erstellt habt:

Schritt 10 Stellt innerhalb von drei bis fünf Minuten eure Weltkarte vor und hängt sie im Klassenraum aus.

Schritt 11 Schaut euch alle ausgehängten Weltkarten an und findet Gemeinsamkeiten und Unterschiede.

Tipp

Falls eure Ethikgruppe groß genug ist, könnt ihr mehrere (Welt-)Karten zu mehreren Schwerpunkten erstellen.
Beispiele:
Verbreitung von schiitischem und sunnitischem Islam, Architektur berühmter Moscheen, Islam in Deutschland ...

Tipp

*Bei der **Präsentation** der Karte solltet ihr den Zuhörerinnen und Zuhörern deutlich machen, was ihr dargestellt habt.*
Beispiele:
* *Wir haben uns auf ein Thema (z. B. türkischsprachige Muslime und ihre Glaubensrichtungen) konzentriert.*
* *Wir haben, um eine Verteilung sichtbar zu machen, Länder in unterschiedlichen Farben oder mit unterschiedlichen Mustern markiert.*
* *Wir haben nur berühmte Moscheen ausgewählt, die aus dem 12. und 13. Jahrhundert stammen. Die Bilder haben wir am Rand angeordnet, Pfeile verweisen auf den Standort.*
* *Wir haben moderne Moscheebauten in Deutschland, der Türkei und in Frankreich ausgewählt. Die Bilder haben wir in die Umrisse der Länder eingeklebt.*

1 | 2 Religiöses Leben im Alltag

Vielen Freunden will der Ramadan nicht in den Kopf – die finden das voll krass, dass ich dann nichts esse, und sind oft auch beeindruckt. Für mich ist das ein wichtiger Teil meines Jahres.

Wenn meine Kinder in der Schule beten könnten, fände ich das gut, ich habe aber auch Verständnis dafür, dass das für anders- oder nichtgläubige Menschen sehr ungewohnt wäre.

Ich glaube im Moment nicht wirklich an Gott, in meiner Familie macht das auch niemand. Aber nur weil ich aus Syrien komme, muss ich immer den Islamexperten geben. Das nervt!

Ich trage kein Kopftuch und bin gläubige Muslimin. Zum Glück ist mein Arbeitgeber hier neutral: Wir haben einen sehr schönen Ruheraum in der Kirche, in dem Christen und Muslime beten können – manche meditieren dort auch zwischendrin."

Ich bin als Mädchen, Muslimin und Kopftuchträgerin oft Zielscheibe für Vorurteile. Ich mag das Kopftuch einfach, mir ist das wichtig. Aber alle glauben immer, sie müssten etwas Schlaues dazu sagen!

 **A Aufgaben**

1. Wähle eine Aussage aus und erkläre, was du an ihr wichtig oder beachtenswert findest.
2. Diskutiert darüber, ob es schwer oder leicht ist, seine Religion im Alltag einer Gesellschaft zu zeigen, in der viele nicht mehr oder nicht offen religiös sind. Erzählt von eigenen Erfahrungen.

In diesem Kapitel wird anhand verschiedener Personen und ausgewählter Alltagserfahrungen betrachtet, wie das Alltagsleben von Muslimen in Deutschland ist. Was bedeutet es für sie, ein religiös begründetes oder unterstütztes Leben zu führen? Und wie wichtig ist ihnen ihre Religion?

Muslimisches Alltagsleben in Deutschland

Was heißt es für dich, deine Religion zu leben?

Paula und Nils sind 16 Jahre alt und verfassen für die Schülerzeitung an ihrem Gymnasium einen Artikel zum Islam in Deutschland. Ziemlich schnell sind sie bei ihren Recherchen zu der Einsicht gekommen, dass es das gar nicht gibt – den Islam. Paulas Mutter ist in Israel geboren, während des Studiums nach Deutschland gekommen und hat dort geheiratet – einen Mann, der nicht an Gott glaubt, aber als Christ erzogen wurde. Deshalb war Paula von Anfang an klar, dass eine Bezeichnung als Jüdin, Christ oder Muslimin erst einmal nicht viel über das Alltagsleben einer Person aussagen kann. Nils spielt im Verein Fußball, in seiner Mannschaft sind Jungen, deren Eltern aus der Türkei, dem Iran, Syrien oder Mazedonien und Bosnien stammen – theoretisch gehören sie verschiedenen Glaubensrichtungen an, beim Fußball hat das aber noch nie eine Rolle gespielt. Wie sollen die beiden also vorgehen? Schließlich entscheiden sie sich dafür, Mitschülerinnen und Mitschüler zu befragen, von denen sie annehmen, dass sie von sich sagen würden, dass sie als Musliminnen und Muslime leben. Aus deren Aussagen wollten sie schließlich ihren Text verfassen.

Paula: Danke erstmal an euch, Mariam und Ahmat, dass ihr uns etwas erzählen wollt darüber, was für euch muslimisches Alltagsleben ist.

5 **Mariam:** Um ehrlich zu sein, war ich nicht begeistert über deine Frage. Wir kennen uns ja schon lange aus der Klasse. Aber hinter der Frage steckt irgendwie schon die Annahme, dass Muslime ihren Alltag derart anders ver-
10 bringen als Christen, dass das so ein ganz wichtiges Thema wäre.

Ahmat: Oft, wenn es darum geht, wer Muslimin oder Muslim ist, geht es ganz schnell um Unterschiede. Ok, ich bin Muslim, das heißt,
15 ich bete – mehr oder weniger regelmäßig – aber sonst mache ich 90 % des Tages doch dasselbe wie alle anderen auch. Ich frühstücke, gehe in die Schule, lerne, esse, mache Hausaufgaben, verbringe Zeit mit Freunden,
20 bin von meinen Eltern genervt – mal mehr, mal weniger. Bei einem Christen würde ich ja auch nicht sagen: Hey, erzähl mir genau, wie du das mit dem Beten machst, denn das macht bestimmt den Unterschied zwischen
25 uns beiden aus.

Nils: Das verstehe ich, aber beim Beten oder auch beim Fasten gibt es doch religiöse Regeln, die im Alltag manchmal zu Schwierigkeiten führen.

30 **Mariam:** Natürlich kommt das vor, doch das hängt doch davon ab, wie eng jemand Glaubensregeln folgt, wie sehr sie seinen Alltag regeln. Und wir sind uns doch einig, dass jemand sagen kann: Ich bin jüdisch oder
35 christlich und das modern oder traditionell sein kann. Und davon hängt dann ab, wie sehr religiöse Regeln seinen Alltag prägen.

Ahmat: Jedenfalls kenne ich keinen Muslim unter meinen Freunden, der fünfmal am Tag
40 betet – kann sein, dass das im Alter wichtiger wird. Mein Vater betet auch in der Arbeit – das hat aber ganz schön gedauert, bis das dort verstanden wurde. Als Muslim sage ich, dass man niemanden beleidigen
45 darf, ihn nicht verletzen, nicht lügen sollte, seine Eltern achten sollte – auch wenn sie

1

manchmal nerven (lacht). Das sind Gebote, die uns Gott mitgegeben hat. Und hätte er das nicht getan, würden sie irgendwie auch
50 gelten. Aber in meiner Vorstellung wiegt das so eben schwerer. Sich daran zu halten, das ist für mich der Kern des Islam.

Paula: Das ist mir schon klar, das kenne ich auch von mir. Meine Mum ist Jüdin aus Israel und
55 wünscht sich, dass wir als Familie die religiösen Feste auch ganz traditionell verbringen – das erinnert sie irgendwie an zuhause und ihre Eltern. Ich mag das ja auch, vor allem wenn Oma und Opa zu Besuch kommen.
60 Aber das ist immer auch stressig, weil die es bis heute nicht verkraften, dass mein Dad nicht an Gott glaubt.

Mariam: Für meine Eltern und auch für mich wäre so ein Freund auch nichts, muss ich zu-
65 geben. Mir gibt meine Religion schon auch Kraft im Alltag – das Zur-Ruhe-Kommen beim Beten, sich dieser Kraft, die wir Gott nennen, so ganz nahe zu fühlen. Das ist etwas, das ich mit meinem Freund auch teilen
70 möchte – so wie ich mir wünschen würde, dass er auch die Sprache meiner Eltern spricht, damit er meine Familie gut kennenlernen kann.

Nils: Würdest du das für dich auch so sagen,
75 Ahmat?

Ahmat: Ich glaube nicht, ich spreche selbst so mies arabisch, dass meine Großeltern mich immer auslachen. Wenn die mal nicht mehr leben, spreche ich das sicher überhaupt nicht
80 mehr. Ob meine Freundin Muslimin sein soll? Keine Ahnung – weniger stressig ist es sicher wegen der Verwandtschaft, weil ja dann die Feste gleichbleiben und so – Frühlingsfest, Opferfest, Zuckerfest, Ramadan, und dieses
85 Aschura gab es auch noch, oder?

Mariam: Sei dir da mal nicht so sicher. Mindestens zwei davon sind nicht bei allen Muslimen gleich!

Ahmat: Stimmt. Ich wollte Paula und Nils nur
90 durcheinanderbringen – wenn du mehr Schultage frei haben möchtest, feierst du einfach alle (lacht). Ich bringe es mal auf den Punkt: Nur wenn du dich ganz und gar religiös verstehst und alles sehr genau nimmst,
95 dann macht es einen Unterschied in deinem Alltag – aber nur zu zehn Prozent des Tages!

Mariam: Versprecht ihr uns, dass ihr dasselbe Interview auch mit Christen führt?

Nils *(lacht):* Wenn wir welche finden, das mit
100 euch war ja auch nicht so ganz einfach.

Ⓐ Aufgaben

1. Sucht nach Gründen dafür, weshalb es für Paula und Nils schwierig gewesen sein könnte, Gesprächspartner zu finden, die über ihren Alltag als Muslimin oder Muslim in Deutschland sprechen wollten.

2. a) Fasse Mariams und Ahmats Haltung zu Religiosität jeweils in einem Satz zusammen.

   b) Vergleiche ihre Aussagen mit den Glaubensgrundsätzen des Islam .

➲ *Mindmap S. 143*

3. a) Sammelt in einer Mindmap, in welchen Bereichen Religiosität im allgemeinen und muslimische Religiosität im speziellen den Alltag prägen kann.

➲ *Glaubensgrundsätze S. 13*

   b) Diskutiert darüber, wann man davon sprechen kann, dass eine Person in ihrer Religionsausübung geachtet wird.

4. Führt eigene Interviews und verfasst danach einen Artikel über muslimisches Alltagsleben in eurer Schule, den ihr auch in der Schülerzeitung veröffentlichen könntet.

Speisevorschriften

1. Zähle die Zutaten auf, die du für ein Gericht benötigst, das du gerne isst.
2. Muslime und Juden dürfen aufgrund religiöser Vorschriften bestimmte Nahrungsmittel nicht essen. Stellt aus den abgebildeten Produkten gemeinsam zusammen, welche davon muslimische Mitschülerinnen und Mitschüler nach eurem Wissen (nicht) essen dürfen.
3. Begründe aufbauend auf deinen Erkenntnissen aus Kapitel 1.1, weshalb die Beachtung von Speisevorschriften für viele gläubige Menschen wichtig ist (beispielsweise das Verbot von Alkohol, Schweinefleisch und bei manchen Hindus oder Buddhisten das Verbot von Tierfleisch generell).

Muslime und Musliminnen essen kein Schweinefleisch. Muslime unterscheiden zwischen halal (rein, erlaubt, statthaft) und haram (verboten, verwehrt). Auch Alkohol ist haram: Muslime dürfen weder Wein noch Bier oder sonstige Formen von Alkohol zu sich nehmen, auch keine Schokolade
5 oder Pralinen, die mit Alkohol gefüllt sind. Es gibt den Ausspruch, dass ein Tropfen Alkohol einen ganzen Ozean ungenießbar macht.
Da die jüdischen Vorschriften in Bezug auf das Essen strenger als die islamischen sind, können sich Muslime darauf verlassen, dass koscheres Essen ihren Vorschriften entspricht. Bei jüdischen Festen wird allerdings Alko-
10 hol ausgeschenkt, der im Islam als haram gilt.

halal: rein, erlaubt, statthaft
haram: verboten, verwehrt

koscher: hebräisch kascher = erlaubt, tauglich

Tipp

Ihr könnt eure Überlegungen auch für euer Lieblingsessen anstellen. Informiert euch über Rezepte, die verschiedenen Religionen zuzuordnen sind, und kocht sie in eurem Kurs nach.

4. Listet anhand des Textes auf, was man bei der Zubereitung eines Essens mit Beilagen und Nachtisch beachten muss, das halal ist.
5. Überprüft auf dieser Grundlage eure Zusammenstellung von Produkten aus Aufgabe 1.
6. Welche Speisevorschriften kennt ihr aus dem Christentum? Befragt dazu Schülerinnen und Schüler aus einem Religionskurs.

1

Christliche und muslimische Pfadfinder
von Karen Krüger

Übrigens

Pfadfinder sind Jugend-gruppen, die ursprünglich in Großbritannien gegründet wurden. Das Pfadfinder-wesen hat eine sehr um-fangreiche Geschichte hinter sich, zu der du recherchieren kannst. In Europa haben die christlichen Kirchen Pfad-findergruppen gegründet, in denen es neben der religiösen Erziehung auch um Umwelt-bildung geht. Dazu werden Zeltlager veranstaltet und lange Wanderungen unter-nommen. Dabei lernt man auch, in der Natur fernab von Städten und Dörfern zurecht-zukommen.

Muslimische Pfadfinder? Gibt es das? Selbstverständlich! Und sie treffen sich sogar mit christlichen Pfadfindern, um sich auszutauschen.

Als es Mittag wird, trommelt ein Junge für die muslimischen Kinder und Jugendlichen ein Zeichen. Sie kommen ins Gemeinschaftszelt und rollen ihre Gebetsteppiche aus. Auch die Mädchen, die sonst kein Kopftuch tra-gen, binden sich jetzt eins um. Einige katholische Kinder nehmen still auf
5 den Bierbänken in der Ecke Platz. Sie wollen zuschauen. [Der Leiter der muslimischen Kinder] stellt die Kinder auf: Nicht die Mädchen hinter den Jungen, wie es in Moscheen in Deutschland üblich ist, sofern kein separater Raum für die Frauen existiert, sondern die einen links, die anderen rechts. „Wer möchte Vorbeter sein?" Ein schlaksiger Junge mit Brille und Flaum
10 meldet sich. Er rezitiert die Eröffnungssure des Korans. Seine Stimme ist schön, auch als das Gebet beendet und sie längst verklungen ist, schwebt sie noch einen Augenblick durch das Zelt. Die katholischen Pfadfinder sind sichtlich beeindruckt. „Warum habt ihr euch niedergeworfen?", will nun je-mand wissen. Ein Mädchen meldet sich: „Das versinnbildlicht die Hingabe
15 an Gott. Das soll zeigen: Gott, ich bin bereit, ich lasse jetzt mal alles, was um mich herum geschieht, beiseite und konzentriere mich auf dich." [...] Die muslimischen Kinder sind gewöhnt, dass andere ihre Religion merk-würdig finden. Auf echtes Interesse treffen sie selten. Nun sind sie mächtig stolz, Fragen zu ihrer Religion zu beantworten. [...] „Müsst ihr denn im-
20 mer beten?" Die Mädchen auf dem Teppich kichern. „Natürlich nicht!", ruft eine. „Aber das Beten ist eine der fünf Säulen des Islams" – „Niemand wird einen bestrafen, wenn man nicht betet", sagt [der Leiter der muslimischen Kinder]. „Aber es heißt, Gott möchte das. Das Beten strukturiert den Tag. Es ist ein Innehalten im Alltagstrott, um sich an Gott und den Sinn des
25 menschlichen Daseins zu erinnern." – „Ihr habt am Ende des Gebets über eure rechte und linke Schulter geblickt. Warum?" – „Während man betet, ist man ganz nah bei Gott. Geht das Gebet zu Ende, kehrt man wieder in die Welt zurück und begrüßt durch den Blick über die rechte und linke Schul-ter symbolisch Menschen, Tiere, Pflanzen und Engel. Denn man möchte
30 den Frieden, den man durch das Gebet bekommen hat, mit ihnen teilen."

 **Aufgaben**

Tipp

Beziehe deine Kenntnisse zu Islam und Christentum mit ein.

1. Überlegt gemeinsam, wovon die katholischen Pfadfinder beeindruckt sind:
   • Was erfahren sie über das Beten im Islam?
   • Worin überschneiden und worin unterscheiden sich vielleicht ihre eige-nen Erfahrungen mit dem Beten?
2. „Ein muslimisch-christliches Pfadfinderlager – Was für eine seltsame Idee!" Was könnte man auf diese Meinungsäußerung entgegnen? Verfasse ein kurzes Antwortschreiben.

Herausforderung Integration

Ich, die Integrationsverweigerin
von Cigdem Toprak

Es mag sein, dass meine Eltern, die seit vierzig und seit fünfundzwanzig Jahren in Deutschland leben, nicht den Unterschied zwischen einem Haupt- und einem Nebensatz kennen oder Verben meistens falsch oder gar nicht konjugieren. Das bedeutet allerdings nicht, dass sie sich nicht mit ih-
5 ren Nachbarn verständigen könnten, dass sie in Behörden aufgeschmissen sind oder gar, dass sie nach all den Jahren einen Integrationskurs besuchen müssten, damit sie in dieser Gesellschaft willkommen sind oder damit sie sich als integriert bezeichnen dürfen. […] Ich akzeptiere die Sprachfehler meiner Eltern und bewundere sie dafür, dass sie mir in ihrem gebrochenen
10 Deutsch abends vorgelesen haben, damit ich später den Deutsch-Leistungskurs wählen konnte. Wahrscheinlich zeigt diese Einstellung, dass ich mich nicht integrieren will. Wenn es so ist, dann ist es eben so: Ich integriere mich nicht. Weshalb sollte ich mich in eine Gesellschaft integrieren, der ich schon seit meiner Geburt angehöre und in der ich mein ganzes Leben hier
15 verbracht habe? Es ist eine Tragödie für die deutsche Gesellschaft, dass mir immer wieder ein Bild vor die Nase gehalten wird und mit den Worten darauf gezeigt wird: „Das bist du!" Und auf dem Bild ist mal eine Fremde, eine Ausländerin oder Migrantin und mal eine integrierte Türkin oder Deutsch-Türkin oder Deutsche zu sehen, immer nur in Buchstaben, ohne mein eige-
20 nes Bild. […] Natürlich sollen gesellschaftliche Probleme, die bei Menschen mit einem Migrationshintergrund eben andere sind als bei Deutschen, die bereits seit fünf Generationen hier leben, aufgezeigt, thematisiert und bearbeitet werden. Was Deutschland braucht, ist nicht Integration, sondern Aufklärung im Islam, Lösungen bei kulturell und persönlich bedingten
25 Problemen wie […] Zwangsheirat, mehr Arbeitsplätze und die Bereitschaft, in die Bildung zu investieren. Aber das sind lediglich Vorschläge einer Türkin aus Ostanatolien, die sich weigert, sich in Deutschland zu integrieren.

1. a) Zähle auf, worauf Cigdem Toprak stolz ist.
   b) Beschreibe, wie sie die Leistungen ihrer Eltern einschätzt.
2. Die Autorin fühlt sich dadurch verletzt, dass ihr und ihren Eltern oft unterstellt wird, nicht in die deutsche Gesellschaft integriert zu sein.
   a) Tauscht euch über eure Vermutungen dazu aus, weshalb das so ist.
   b) Kommt zu einer Einschätzung: Was meint sie damit, dass ihr immer wieder ein Bild vor die Nase gehalten werde, auf dem nicht sie zu sehen sei, sondern nur Bezeichnungen für das, was sie sei (vgl. Z. 16 f.).
   c) Überlegt gemeinsam, weshalb die Autorin gar nicht von Religionsausübung spricht.
3. Besprecht die Vorschläge, die Cigdem Toprak macht: Was ist ihr wichtig?

die Integration: sich einfinden, Teil von etwas werden – hier von einer Gesellschaft

Cigdem Toprak (30) ist freie Journalistin und Bloggerin. Sie beschäftigt sich mit Themen, die das Leben junger Muslime in Deutschland betreffen.

*Die **Aufklärung** ist im europäischen Sinne die Orientierung an der Vernunft zur Erklärung des Lebens.*

Übrigens

In den meisten Ländern der Welt ist es bis heute üblich, dass Eltern untereinander beschließen, wen ihre Kinder heiraten – dies gilt vor allem für die ländlichen Gegenden. In Deutschland ist diese Tradition im Laufe der steten Individualisierung und Liberalisierung der Lebensstile unüblich geworden und bei Zwang auch strafbar wegen des Rechts jeder Person, über sich und ihr Leben selbst zu entscheiden. Leben Menschen aus Ländern, in denen die Zwangsheirat oder arrangierte Ehe bis heute üblich ist, erst kurz in Deutschland, verfolgen sie oft noch aus Gewohnheit diese Tradition.

Aufgaben

1

Tipp
Einen Comic der Zeichnerin und weitere Informationen findest du auf ➲ S.65.

„Sie fühlen sich nicht unterdrückt" – Kopftuch in Deutschland

Interview von Anne Reinert mit Soufeina Hamed

Frau Hamed. Sie tragen ein Kopftuch und zeichnen Comics. Es gibt Menschen, für die ist das ein Widerspruch.

Für mich nicht. Ich bin ein Mensch, der sich
5 kreativ ausleben will. Und ich bin keine Ausnahme. Ich habe ganz viele muslimische Freunde, die künstlerisch tätig sind, zum Beispiel ganz viele Blogger-Freunde, die die gleichen Gedanken teilen wie ich. [...]

10 **Sie haben sich selbst entschieden ein Kopftuch zu tragen. Warum?**

Das ist Teil meiner Religion. Ich trage es, seit ich zwölf Jahre alt bin. Das war für mich ein ganz normaler Schritt. Ich habe das für mich
15 selbst gemacht. Für meinen Glauben. Für meine Beziehung zu Gott. Ich will mich dadurch nicht ausgrenzen und auch nicht ausgegrenzt werden. Für mich ist das auch kein politisches Zeichen, sondern etwas ganz Persönliches.

20 **Wenn es nach einem Ihrer Comics geht, trägt Ihre Mutter aber kein Kopftuch.**

Doch, sie trägt eins. Das hat mich sicherlich beeinflusst. Auf dem Bild habe ich sie aber zu Hause gezeichnet, wo sie keins trägt. Ich zeichne
25 auch meine muslimischen Protagonisten ohne Kopftuch, wenn ich sie zu Hause darstelle. [...]

Was sagen Sie Leuten, die es für ein Zeichen der Unterdrückung halten?

Natürlich gibt es unterdrückte Frauen – so-
30 wohl mit als auch ohne Kopftuch. Das gehört für mich nicht zusammen. Alle meine Freun-

dinnen, die Kopftuch tragen, fühlen sich eindeutig nicht un-
35 terdrückt. Das sind sehr engagierte, sehr selbstbewusste Frauen. Vielleicht gerade wegen des Kopftuchs. Sie haben in vielem Anfeindungen erlebt und mussten sich wehren.
40 Ich glaube aber, dass wir ganz andere Probleme als das Kopftuch haben.

Nämlich?

Wenn man Unterdrückung bekämpfen will, muss man in ganz andere Strukturen rein-
45 schauen, etwa in Familienstrukturen. [...]

Welche Erlebnisse geben Sie in Ihren Zeichnungen wieder?

Ein Comic handelt von meiner Schwester, die Apothekerin ist und auch ein Kopftuch trägt.
50 Ihr passiert es öfter, dass sie beleidigt wird oder dass Kunden sich nicht von ihr bedienen lassen wollen. Obwohl sie ganz freundlich auf sie zugeht. Ansonsten habe ich viel über die Schule mitbekommen. Ich war an einer Schu-
55 le mit einem sehr hohen Anteil an Muslimen. Trotzdem hatte ich das Gefühl, dass einige Lehrer dachten, sie müssten uns aufklären oder von unserem Kopftuch befreien. Ich hatte oft das Gefühl, dass ich mich für das verteidi-
60 gen muss, für das, was ich tue oder was ich bin, was ich glaube.

A Aufgaben

1. Wähle drei Sätze aus, die dich im Interview besonders angesprochen haben, und begründe deine Wahl.
2. a) Erläutere, was das Kopftuch für Soufeina Hamed bedeutet.
   b) Erkläre, wie und warum Soufeina Hamed mit ihrem Kopftuch „aneckt".
3. a) Erläutere die verschiedenen Haltungen zum Tragen eines Kopftuches, die im Text dargestellt werden.
   b) Interpretiere und bewerte die Überschrift des Interviews.

Zurückblicken

1. Wiederhole deine Kenntnisse zu religiösen Speisevorschriften: Stelle dabei Unterschiede und Gemeinsamkeiten zwischen Judentum, Christentum und Islam fest.

2. Auf Kleidungsstücken eines deutschen Modelabels stehen unter anderen auch die folgenden Sprüche. Wähle einen davon aus und erkläre mithilfe deiner Kenntnisse, was damit ausgesagt werden soll.

Aufgaben Ⓐ

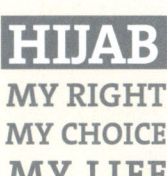

der Hijab: das islamische Kopftuch

Weiterdenken

Der Kölner Kabarettist Fatih Çevikkollu erzählt einen Witz:

Ein großer und ein kleiner Christ schleppen sich hungrig und durstig durch die Wüste. Vollkommen am Ende ihrer Kräfte erblicken sie hinter einer Düne Zelte. Sagt der Kleine: „Los, hin, die werden uns helfen!" Sagt der Große: „Bist du verrückt, das sind doch Muselmanen, die hauen uns
5 sofort den Kopf ab, bist du etwa nicht informiert?" Die beiden überlegen. Der Große schlägt vor zu behaupten, ebenfalls Muslim zu sein. Entrüstet schüttelt der Kleine den Kopf: „Nee, ich bin Christ, was anderes sag ich nicht." Sie marschieren los. Bei den Zelten tritt ein bärtiger Typ mit mächtigem Krummsäbel auf sie zu. Sagt der Große: „Hallo, guten Tag, ich
10 bin der Hassan und das ist der Martin." Der bärtige Typ meint darauf: „Herzlich willkommen ihr zwei! Martin, du kannst gleich da rübergehen, da stehen Essen und Trinken, nimm' dir einfach soviel du willst. Hassan, du kannst mit mir mitkommen, wir fasten gerade."

Fatih Çevikkollu (geb. 6. November 1972 in Köln) ist ein deutscher Theater-, Film- und Fernsehschauspieler und Kabarettist.

3. Erkläre die Pointe des Witzes: Auf welchen stereotypen Vorstellungen basiert er und wie werden diese entlarvt?

➲ *das Stereotyp S. 137*

Fatih Çevikkollu sagt über sich selbst: „Ich bin ein U-Boot-Muslim. Ich bin da, tauche aber nur an islamischen Feiertagen auf."

4. Lies die Selbstbeschreibung des Kabarettisten Fatih Çevikkollu und überlege, was er anderen damit sagen möchte, dass er sich als „U-Boot-Muslim" beschreibt.

1

3 Friedlich miteinander – verschiedene Religionen in einem Land

 Aufgaben

*Als **Dialog** bezeichnet man Gespräche zwischen Personen oder mehreren Interessensgruppen; hier sind damit Vertreter verschiedener Religionen gemeint.*

1. Interpretiere die Zeichnung, in der der Karikaturist sehr genau auf die Größenverhältnisse geachtet hat.
   a) Beschreibe sie.
   b) Erkläre, was er vermutlich damit ausdrücken wollte.
2. Einen gleichberechtigten Dialog zu führen, ist eine Kunst: Schreibe auf, welche Bedingungen deiner Ansicht nach damit verbunden sind.

In diesem Kapitel geht es um die Frage, wie Menschen verschiedenen Glaubens in einer Gesellschaft so zusammenleben können, dass sie sich nicht schaden, sondern sich im Gegenteil bemühen, einander zu nützen. Hierbei können sie sich auf Werte beziehen, die sie miteinander teilen. Weiterhin geht es darum zu verstehen, warum von manchen gläubigen Menschen religiöse Gründe zur Rechtfertigung von Konflikten und Gewalt herangezogen werden und ob dabei nicht auch ein Missbrauch stattfindet, um politische Interessen durchzusetzen.

Religionen in Deutschland

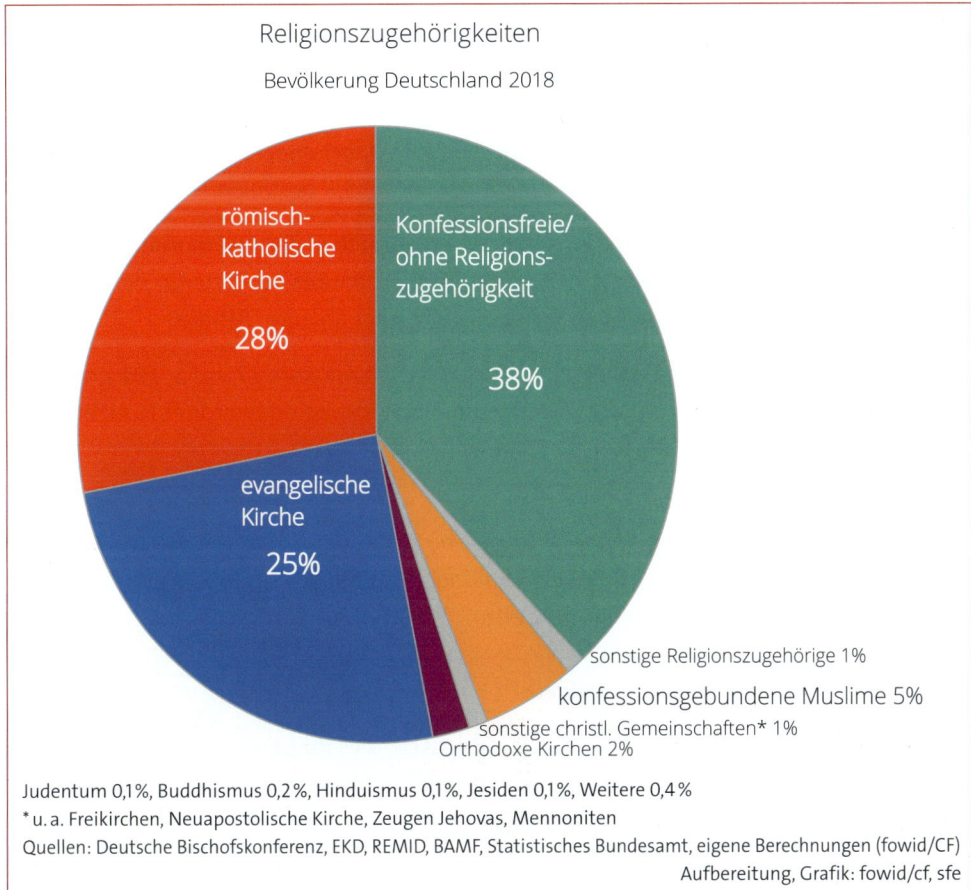

Religionszugehörigkeiten

Bevölkerung Deutschland 2018

- römisch-katholische Kirche 28%
- Konfessionsfreie/ohne Religionszugehörigkeit 38%
- evangelische Kirche 25%
- sonstige Religionszugehörige 1%
- konfessionsgebundene Muslime 5%
- sonstige christl. Gemeinschaften* 1%
- Orthodoxe Kirchen 2%

Judentum 0,1%, Buddhismus 0,2%, Hinduismus 0,1%, Jesiden 0,1%, Weitere 0,4%

* u. a. Freikirchen, Neuapostolische Kirche, Zeugen Jehovas, Mennoniten

Quellen: Deutsche Bischofskonferenz, EKD, REMID, BAMF, Statistisches Bundesamt, eigene Berechnungen (fowid/CF)

Aufbereitung, Grafik: fowid/cf, sfe

1. Das Tortendiagramm stellt das zahlenmäßige Verhältnis der großen Religionen und der Gruppe ohne Religionszugehörigkeit in Deutschland dar. Erläutere das Diagramm, indem du die Angaben in Sätzen ausdrückst und miteinander kombinierst.

   BEISPIEL

   Die Mitgliederzahl der beiden großen christlichen Konfessionen ist etwa gleich groß.

2. a) Nenne Gruppen, zwischen denen du Konflikte in Deutschland wahrnimmst.

   b) Erkläre, um was es bei den Konflikten geht.

3. Immer wieder gibt es in verschiedenen Städten Proteste gegen den Bau von neuen Moscheen. Stelle Vermutungen an, wer gegen den Bau sein könnte, und begründe deine Vermutungen.

4. Recherchiere die Religionsverteilung in Bayern und auf der ganzen Welt. Vergleiche die Zahlen jeweils mit der Verteilung in Gesamtdeutschland.

Aufgaben Ⓐ

die Konfession *(von lat. confessio = Bekenntnis): Untergruppe einer Religion*

Tipp

Du kannst gerundete Werte verwenden und folgende Ausdrücke gebrauchen: die Hälfte, zwei Drittel, ein Drittel, nicht-christliche Religionsgemeinschaften.

 Internetrecherche S. 143

1

⮕ *Monotheismus S. 135*

das Ethos: *griechisch ἔθος =
Lebensgewohnheit, Sitte,
Brauch, Charakter, Haltung*

Ethos *bezeichnet den
Charakter und die Haltung
des Einzelnen, der bestimm-
ten Werten verpflichtet ist,
sowie den Wertkonsens von
Gemeinschaften; er ist der
Maßstab der Lebensführung.
Ein ethischer* **Wert** *ist das,
woran man sich orientiert,
weil es für ein gutes Leben
in der Gemeinschaft einen
Wert hat (Beispiele: Ehrlich-
keit, Freiheit, Freundlichkeit,
Gleichheit, Gerechtigkeit,
Gutes tun, Hilfsbereitschaft,
Hoffnung, Leistung, Liebe,
Mut, Solidarität, Vertrauen,
Wahrheit, Weisheit).
Die Abgrenzung von Tugenden
(= Tüchtigkeit, positiv bewer-
tete Charaktereigenschaften,
Haltungen) und Werten ist
nicht immer leicht.*

Tipp

*Nehmt dazu auch ethikos 5
und 6 noch einmal zu Hilfe.
Wenn ihr etwas mehr Zeit
habt, könnt ihr auch im
Internet, in Bibliotheken oder
bei den Religionsgemeinden
in eurer Nähe recherchieren.*
⮕ *Internetrecherche S. 143*

Tipp

*Ihr könnt dabei auch die
Fäden aus Schritt 2 wieder-
verwenden.*

Tipp

*Stellt euch bei dem Rund-
gang auch die Frage, was
Menschen zu den Geboten
sagen, die keiner Religion
angehören.*

Das Ethos der monotheistischen Religionen im Vergleich

In allen drei Religionen gibt es verschiedene Pflichten, die zum einen die Beziehung zu Gott regeln und zum anderen das Miteinander der Menschen untereinander re-geln. Man kann auch von Verpflichtungen gegenüber anderen Menschen sprechen, die neben den Verpflichtungen gegenüber Gott einen zentralen Teil ausmachen.

Vergleicht in arbeitsteiliger Gruppenarbeit das Ethos der drei monotheistischen Religionen, diskutiert die Ergebnisse und zieht daraus Schlüsse für den Um-gang der verschiedenen Religionen miteinander an eurer Schule.

Schritt 1   Lest die Texte auf Seite 29 und 30 sowie Sure 17 auf S. 13 f. genau durch und macht euch parallel nach Religion geordnet Notizen zu den wichtigsten Aussagen.

Schritt 2   Erstellt für jede Religion je eine Mindmap zum Ethos. Legt die drei Mindmaps anschließend nebeneinander und verbindet Gemein-samkeiten mit einem Wollfaden, an den ihr einen Zettel mit dem allgemeinen Begriff heftet.
BEISPIEL
Pflicht zur Wohltätigkeit

Schritt 3   Überlegt mit der Kenntnis dessen, was ihr bereits zu den drei mono-theistischen Religionen gelernt habt, wie und wo sich die Werte und Pflichten im Alltag wiederfinden.
BEISPIEL
Die Pflicht, Bedürftigen zu helfen, zeigt sich in allen drei Religionen unter anderem durch die Einrichtung von wohltätigen Organisationen, die bei-spielsweise Krankenhäuser, Kindergärten oder Häuser für Bedürftige bauen.

Schritt 4   Gestaltet aus euren Ergebnissen (Schritt 2 und 3) ein Plakat, auf dem ihr sowohl Gemeinsamkeiten als auch Unterschiede unter den drei monotheistischen Religionen darstellt.

Schritt 5   Hängt eure Plakate in der Klasse auf und vergleicht sie in einem Rundgang. Je ein Mitglied der Gruppe bleibt abwechselnd beim eigenen Plakat stehen und erläutert es.

Schritt 6   Organisiert eine Podiumsdiskussion zum Thema: „Viele Religionen in unserem Land – wie kommen diese miteinander ins Gespräch?" Es sollte aus allen drei monotheistischen Religionen sowie aus der Gruppe „ohne Religionszugehörigkeit" mindestens eine Person vertreten sein.

Schritt 7   Entwickelt einen 10-Punkte-Plan zum Thema „Toleranz und verschie-dene Religionen an unserer Schule". Bezieht eure Ergebnisse mit ein.

Das Ethos des Islam

Im Koran finden sich zahlreiche Suren, die Gebote zum Inhalt haben.
Ein Beispiel findest du auf S. 13 f. Weitere Beispiele sind:

Sprich: Kommt her, dass ich verlese, was euer Herr euch verboten hat:
Ihr sollt Ihm nichts beigesellen, und die Eltern gut behandeln; und tötet
nicht eure Kinder aus (Angst vor) Verarmung – euch und ihnen bescheren
wir doch den Lebensunterhalt; und nähert euch nicht den schändlichen
5 Taten, was von ihnen offen und was verborgen ist; und tötet nicht den
Menschen, den Gott für unantastbar erklärt hat, es sei denn bei vorliegen-
der Berechtigung. Dies hat Er euch aufgetragen, auf dass ihr verständig
werdet.   Sure 6, 151

O ihr, die ihr glaubt, die einen sollen nicht die anderen verhöhnen, vielleicht
sind diese eben besser als sie. Auch sollen nicht Frauen andere Frauen verhöhnen, vielleicht sind diese eben besser als sie. Und nörgelt nicht untereinander und gebt einander keine Schimpfnamen. Welch schlimmer Name,
5 der des Frevels, nach der Annahme des Glaubens! Diejenigen, die nicht
umkehren, sind die, die Unrecht tun.   Sure 49, 11

Jüdisches Ethos

Die religiösen Inhalte und Werte des Judentums sind in verschiedenen Schriften
überliefert, unter denen die Tora eine herausragende Stellung einnimmt. Hier
finden sich auch die 10 Gebote, die grundlegend für das jüdische und christliche
Ethos sind:

20 1 Dann redete der Ewige alle diese Worte wie folgt: 2 „Ich bin der
EWIGE, dein Gott, der dich aus dem Land Mizrajim geführt hat, aus
dem Hause der Sklaven. 3 Du sollst keine anderen Götter haben vor meinem
Angesicht. 4 Du sollst dir kein Götzenbild machen, auch keine ähnliche Gestalt von dem, was oben im Himmel und unten auf der Erde oder im Wasser
unter der Erde ist. 5 Du sollst dich vor ihnen nicht verbeugen, auch sie nicht
gottesdienstlich verehren. Denn ich, der EWIGE, dein Gott, bin ein eifervoller
Gott (der keinen anderen neben sich leiden kann), der das Verbrechen der
Eltern ahndet an Kindern, Enkeln und Urenkeln, nämlich bei denen, die mich
hassen, 6 der aber Gnade erzeigt bis in das tausendste Geschlecht bei denen,
die mich lieben und meine Gebote halten.
7 Du sollst den Namen des EWIGEN, deines Gottes, nicht zu Unnützem hoch-
halten. Denn der EWIGE wird demjenigen nicht vergeben, welcher seinen Namen missbraucht.

Land Mizrajim ist der heb-
räische Name für Ägypten.

1

Übrigens

Der jüdische Ruhetag (Schabbat) fällt auf den Tag, den Christen „Samstag" nennen. Der Sonntag ist nach jüdischem Verständnis der erste Tag der Woche.

8 Erinnere dich stets an den Ruhetag, um ihn zu heiligen. 9 Sechs Tage kannst du arbeiten und all dein Geschäft verrichten. 10 Der siebte Tag aber ist ein Ruhetag, dem EWIGEN, deinem Gott, zu Ehren. Du sollst kein Handwerk verrichten, weder du selbst noch dein Sohn oder deine Tochter, dein Sklave, deine Sklavin, auch nicht durch dein Vieh oder durch einen Fremden, der sich in deinen Toren aufhält. 11 Denn in sechs Tagen hat der EWIGE Himmel, Erde und Meer nebst allem, was darin ist, verfertigt und am siebten Tage geruht. Darum hat der EWIGE den Tag der Ruhe gesegnet (er hat ihm wichtige Vorzüge gegeben) und ihn für heilig erklärt.

12 Ehre deinen Vater und deine Mutter, damit du lange lebst auf dem Erdreich, welches der EWIGE, dein Gott, dir geben wird.

13 Du sollst nicht morden. Du sollst nicht ehebrechen. Du sollst nicht stehlen. Du sollst gegen deinen Nächsten nichts aussagen als ein falscher Zeuge.

14 Du sollst keine Begierde haben nach dem Haus deines Nächsten. Du sollst keine Begierde haben nach deines Nächsten Weib, nach seinem Sklaven, nach seiner Sklavin, nach seinem Ochsen, nach seinem Esel oder nach allem, was dein Nächster besitzt."

Buch Exodus 20, 1–14

Christliches Ethos

Die Zehn Gebote gelten ebenso für Christen und stehen im Alten Testament der Bibel. Sie werden im Neuen Testament durch Jesu Aussagen ergänzt:

21 Ihr habt gehört, dass zu den Alten gesagt worden ist: Du sollst nicht töten; wer aber jemanden tötet, soll dem Gericht verfallen sein.

22 Ich aber sage euch: Jeder, der seinem Bruder auch nur zürnt, soll dem Gericht verfallen sein; und wer zu seinem Bruder sagt: Du Dummkopf!, soll dem Spruch des Hohen Rates verfallen sein; wer aber zu ihm sagt: Du Narr!, soll dem Feuer der Hölle verfallen sein.

43 Ihr habt gehört, dass gesagt worden ist: Du sollst deinen Nächsten lieben und deinen Feind hassen. 44 Ich aber sage euch: Liebt eure Feinde und betet für die, die euch verfolgen, 45 damit ihr Kinder eures Vaters im Himmel werdet; denn er lässt seine Sonne aufgehen über Bösen und Guten und er lässt regnen über Gerechte und Ungerechte.

Matthäus 5, 21–22; 43–45

Die Gebote im Neuen Testament konzentrieren sich alle auf das Doppelgebot der Liebe:

35 Einer von ihnen, ein Gesetzeslehrer, wollte ihn versuchen und fragte ihn: 36 Meister, welches Gebot im Gesetz ist das wichtigste? 37 Er antwortete ihm: Du sollst den Herrn, deinen Gott, lieben mit ganzem Herzen, mit ganzer Seele und mit deinem ganzen Denken. 38 Das ist das wichtigste und erste Gebot. 39 Ebenso wichtig ist das zweite: Du sollst deinen Nächsten lieben wie dich selbst. 40 An diesen beiden Geboten hängt das ganze Gesetz und die Propheten.

Matthäus 22, 35–40

Eine Muslimin als Ministerin
von Karen Krüger

Als Aygül Özkan 2010 ihr Ministeramt in Niedersachsen antrat und ihren Eid mit den Worten „So wahr mir Gott helfe" nach Artikel 56 des Grundgesetzes sprach, kam es in deutschen Zeitungen zu hitzigen Schlagzeilen: „Darf eine Muslimin das?", „Auf welchen Gott schwört Frau Özkan?"

Aygül Özkan ist eine bekennende Muslimin und Mitglied der CDU. Von 2010–2011 war sie Ministerin für Soziales, Frauen, Gesundheit und Integration in Niedersachsen.

Özkan […] gab zu Protokoll, sich auf den Gott zu beziehen, der Juden, Christen und Muslimen gemeinsam ist, den Gott Abrahams, Isaaks und Jakobs, […] auf den sich in der Geschichte der Bundesrepublik alle gläubigen Amtsträger, gleich ob Christen oder Juden […] als Schutz und Zeuge
5 ihrer regierungsamtlichen Gewissenhaftigkeit berufen konnten. […] Wäre die deutsche Gesellschaft religionsfester, hätte sie wahrscheinlich kein Problem damit gehabt. Was damals geschah, habe sie verletzt, sagt sie: „Ich lebe hier, ich spreche deutsch, […] ich bin deutsche Staatsbürgerin. Meine Religionszugehörigkeit hat noch nie Einfluss auf meine politische Ar-
10 beit gehabt." Özkan ging in die Offensive. […] Sie reiste durchs Land und leistete Aufklärungsarbeit. […] Die Menschen waren an ihr als Muslimin interessiert – sie wollten beruhigt werden […]. Aygül Özkan erzählte viel Persönliches. Dass ihr Glaube an Gott ihr Kraft gebe, sie die islamischen Feiertage wenn möglich im Kreis ihrer Familie verbringe und die Familie
15 an Heiligabend immer zu einem festlichen Essen zusammenkomme. Sie berichtete ihren Zuhörern von ihrer Kindheit und Jugend in Hamburg, von ihren gläubigen und liberalen Eltern, die als Gastarbeiter aus der Türkei nach Deutschland gekommen waren und immer wollten, dass es ihren Kindern mal besser gehe. […] Sie sagt: „Anhand meiner eigenen Biogra-
20 fie machte ich meinen Zuhörern verständlich, wo es Unterstützung oder Überzeugungsarbeit braucht, damit die Chancen der Integration steigen." Zu sehen, dass eine Deutschtürkin Ministerin wird, erfüllt die türkische Community mit Stolz. […] „Für viele Menschen war meine Ernennung zur Ministerin das Signal, dass sie und ihre Kinder und Enkel nicht län-
25 ger nur Gäste in Deutschland sind", sagt Ökzan. „Es lohnt sich, sich für Deutschland zu engagieren!"

Aufgaben

1. Gib Aygül Özkans Reaktion auf die für sie verletzenden Zeitungsmeldungen wieder und erkläre ihr Vorgehen.
2. a) Stellt Vermutungen an, warum so hitzig auf den Eid reagiert wurde.
   b) Diskutiert die Frage „Darf eine Muslimin das?" in der Klasse.
   c) Erkläre, was der Satz in Z. 5–7 bedeutet.
3. Im Text finden sich auch Hinweise darauf, dass es für Kinder von Zuwanderern nicht leicht ist, einen Platz für sich in Deutschland zu finden. Besprecht, woran das liegen könnte, was besser werden sollte und wie jeder seinen Beitrag zu einem (interreligiösen) Dialog leisten kann.

1

Anna Kuschnarowa wurde am 11.11.1975 in Würzburg geboren. Sie lebt in Leipzig und hat einige Bücher für Jugendliche verfasst, für die sie verschiedene Preise gewonnen hat. Sie hat Archäologie studiert und vermittelt in Kursen, Seminaren und auf Bildungsreisen Wissen über das alte Ägypten.

Ein **Konvertit** ist ein Mensch, der einer bestimmten Religion angehörte, dann aber zu einer anderen übergetreten ist.

der Extremist: wird in der Infobox auf S. 33 erklärt

Übrigens

Im Arabischen werden die ersten drei Generationen der Muslime als „alsalaf alsalih" (Kurzform „salaf") bezeichnet. Diese frühislamische Gemeinde wird als Goldenes Zeitalter gesehen, deren Beispiel unbedingt zu folgen ist. Das Ziel der sogenannten Salafisten ist daher die vollständige Umgestaltung der Staats- und Rechtsordnung nach dem Vorbild dieser ersten Gemeinde entsprechend der Regeln der Schari'a. Davon abweichende Gesetze lehnen sie rigoros ab.

Die Schari'a ist die Gesamtheit aller Gebote und Verbote, die in den Heiligen Schriften des Islam stehen. Sie umfasst die Rechtsnormen des Staatswesens ebenso wie individuelle Gebote.

Das Problem des religiösen Fundamentalismus

Djihad Paradise
von Anna Kuschnarowa

In ihrem Roman „Djihad Paradise" erzählt Anna Kuschnarowa von dem sechzehnjährigen Julian, der von der Schule fliegt, weil zu Hause alles drunter und drüber geht. Anschließend wird er mehrfach straffällig. Im Jugendarrest lernt er Murat kennen, dem es auch nicht besser ergangen ist – ihm gibt der Glaube Halt und sie werden Freunde. Schließlich konvertiert Julian zum Islam, weil er an Murat sieht, dass der Glaube ihm die Sicherheit gibt, die er nie hatte. Leider geraten beide an Extremisten, die die Verunsicherung der jungen Männer ausnutzen und sie nach Pakistan schicken, um Attentäter für einen „Heiligen Krieg" gegen Andersdenkende und Ungläubige aus ihnen zu machen.
Murat und Julian unterhalten sich im Gefängnis. Zuvor hatte Julian Murat geschlagen, weil ihm auf die Nerven ging, dass Murat fünfmal am Tag betete. Außerdem verletzt ihn, dass Murat ihn für einen schlechteren Menschen hält.

„Murat […], warum tust du, was du tust?"
Murat setzte sich auf. „Weil es mir hilft."
„Aber wie?"
Murat seufzte. „Wie schon gesagt, es ist eine lange Geschichte."
5 „Ich weiß."
„Und es ist spät."
„Na ja, geht so. Also, ich bin noch wach."
Murat verdreht die Augen. „Bist echt ein Arsch. Also pass auf, und Gnade dir Allah, der Allmächtige, wenn du vor dem Ende einschläfst!"
10 Ich stützte mich mit dem Ellbogen auf.
„[…] [Mein Vater hat mich misshandelt] und dann, mit dreizehn bin ich abgehauen und hab mich so durchgeschlagen […]. Hab auch ein paar Vorstrafen. Ich war in so einer Art Gang. Ging um Schutzgeld und so. Und dabei haben sie mich halt erwischt. Diesmal muss ich's absitzen. Aber im
15 Februar komm ich raus"
„Krass, ich auch", warf ich ein. „Na, und die Sache mit deinem Glauben?"
„Da war einer in der Gang, der war Salafist. Der hat mir das alles beigebracht."
„Salafisten? Sind das nicht diese ganz altmodischen Muslime mit Auspeitschen und so?"
20 „Wir sind nicht altmodisch. Wir sind rein, weil wir uns an die Lehren unserer Urahnen halten, nicht an das verwässerte Zeug, wie es die meisten Muslime hier praktizieren […]."
„Aber du hast doch selbst Scheiße gebaut, als du schon Salafist warst. Ich meine, Schutzgeld eintreiben, das ist doch auch nicht … wie nennt ihr das?
25 Helau?"

Murat lachte laut auf. „Das heißt halal, Schwachkopf." Dann wand er sich ein wenig. „Na ja, wir haben keine anderen Muslime erpresst, sondern nur [Ungläubige]."

„Und das sind keine Menschen, oder was?"

30 „Na, irgendwie nicht so richtig. […] Aber jedem [Ungläubigen] steht es frei, sich zu bekehren, dann wird er auch ein richtiger Mensch."

„Und die anderen Muslime, was sind die?"

„Ja, eigentlich sind es schon richtige Menschen, weil sie Muslime sind. Aber doch auch nur so halb, weil sie sich von den Regeln unserer Vorfah-
35 ren abgewendet haben."

Ich legte den Kopf schief. Mann, das klang ganz schön krude.

„Und was gibt dir das? Dass du die Menschen in Schubladen stecken kannst, oder was?"

Murat schaut mich verblüfft an. „Nee, darum geht es doch gar nicht. Aber
40 es ist halt einfach so. Allah hat das so festgelegt. Und weißt du, was das Schöne ist, wenn du auf der richtigen Seite stehst, dann weißt du immer, was du tun musst. Und alle Salafisten sind Brüder und Schwestern. Das ist eine große Familie, die immer für dich da ist. […]"

Übrigens

Arab. halal heißt rein, nicht sündhaft oder erlaubt.

⮕ *Speisevorschriften S. 21*

1. **a)** Gib den Verlauf des Gesprächs wieder.
   b) Stelle Parallelen und Unterschiede zwischen dem Leben der jungen Männer dar.
2. Zeige unter Verwendung der Informationen aus der Infobox, dass Murat fundamentalistische Ansichten vertritt und nimm kritisch Stellung dazu.
3. Erläutere, weshalb es ihm schwerfällt, sein Verhältnis zu anderen Muslimen genau zu erklären.

Aufgaben **A**

Tipp

Beziehe dich auf die Erläuterungen in der Randspalte auf S. 32.

 **INFOBOX**

Unter **religiösem Fundamentalismus** versteht man eine sehr grundsätzliche Haltung oder Anschauung, eine Haltung, die ausschließt, dass man zu einer Fragestellung auch eine andere Ansicht vertreten könnte: Man ist z. B. der Ansicht, dass eine Religion ohne Wenn und Aber besser sei als eine andere. Verbinden sich fundamentale religiöse Ansichten mit der Forderung, dass eine ganze Gesellschaft oder ein ganzer Staat nach bestimmten religiösen Vorstellungen umgestaltet werden soll, und wird versucht, diesen Zustand zu erreichen, spricht man von **religiösem Extremismus:** Eine Person oder eine Gruppe vertritt ihre Ansichten mit extremen (= äußersten), auch gewalttätigen Mitteln. Bei Menschen oder Organisationen, die sich auf ihre Auslegung der Religion des Islam beziehen und eine solche Forderung erheben, spricht man dann von **Islamismus.** Religiöser Fundamentalismus und Extremismus treten auch in anderen Weltreligionen (Hinduismus, Buddhismus, Judentum, Christentum) auf, hierfür finden sich auch in der Gegenwart zahlreiche Beispiele.

1

Ein Symbol für das Miteinander der Religionen? – die Mezquita-Catedral in Córdoba

*Die **UNESCO** schützt für die Menschheitsgeschichte wichtige Baudenkmäler und Landschaften.*

*Die **Zivilisation** ist alles von Menschen Geschaffene wie Gebäude, Kunstwerke, Arten zu leben, Wirtschaft zu treiben usw. Meist verbindet man mit der Vorstellung, zivilisiert zu sein, dass man ohne Gewalt miteinander umgeht.*

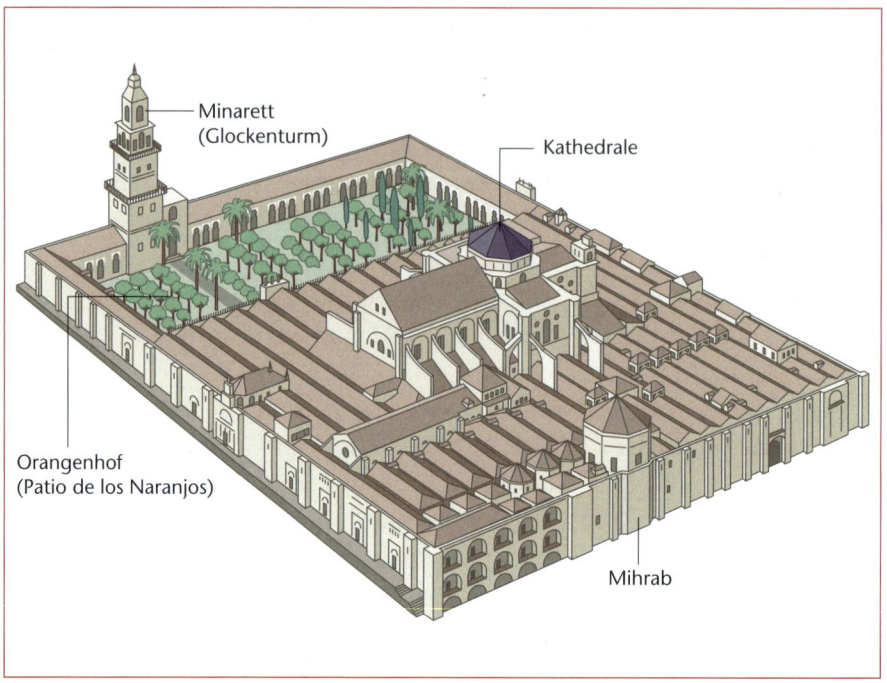

Blick in ein Seitenschiff der Mezquita-Catedral

Im Süden Spaniens, in der Stadt Córdoba, kann man ein Gottes- und Gebetshaus finden, das weltweit einzigartig ist und deshalb 1984 von der UNESCO als „Symbol der Eintracht verschiedener Zivilisationen und Religionen" zum Weltkulturerbe ernannt wurde. Die

5 Mezquita-Catedral von Córdoba (Moscheenkathedrale oder Kathedralmoschee) ist zeitweise beides zugleich, zeitweise aber auch nur eines gewesen: christliche und islamische Gebetsstätte. Wie aber kann das sein? Wie kann es eine Moschee geben, in deren Mitte eine katholische Kathedrale steht?

10 Im 8. Jahrhundert hatten die Araber, damals in Europa als Mauren bekannt, den Süden und die Mitte Spaniens erobert. Das maurische Königreich Granada fiel erst 1492 an die Spanier zurück.

Der Süden Spaniens wird auch Andalusien genannt – nach dem arabischen al-Andalus. Dieser Name steht für ein goldenes, aber oft

15 auch verklärtes Zeitalter des multikulturellen Miteinanders der Religionen, eine Blütezeit von Wissenschaft und Kultur. Die Herrschenden versuchten den Menschen, die in ihrem Herrschaftsbereich lebten, Sicherheit zu garantieren.

So war es eine Zeit, in der Juden und Christen als eine geschützte

20 Minderheit in der arabischen Gesellschaft galten und viel besser integriert waren als Juden und Muslime zeitgleich im christlichen Europa.

Und es war eine Zeit des intensiven wissenschaftlichen Aus-
tauschs in arabischer Sprache (beispielsweise in den Bereichen
25 der Medizin, der Mathematik, der Philosophie und der Astro-
nomie), die damals eine Bedeutung hatte, die heute dem Englischen zukommt. Córdoba war somit über viele hundert Jahre neben Bagdad und Byzanz (heute Istanbul) die wichtigste
Stadt des abend- und morgendländischen Kulturkreises und
30 mit 500.000 Einwohnern die größte Stadt Westeuropas.
Bis ins 10. Jahrhundert wurde die Mezquita, an deren Stelle
vorher bereits eine Kirche stand, durch verschiedene Anbauten
erweitert, um der wachsenden Zahl von Muslimen Platz zum
Freitagsgebet zu geben.
35 Nach der Rückeroberung der Stadt durch die Christen im Jahr
1236 wurde die Moschee wieder als Kirche genutzt. Ab dem
Jahr 1523 wurde außerdem inmitten der Moschee eine Kathedrale errichtet, deren Bau viele Jahre in Anspruch nahm.
Die Mezquita-Catedral verbindet daher heute unterschied-
40 liche Stilrichtungen und vor allem religiöse Elemente der
christlichen Kultur und des Islam.

*Mihrab – nach Mekka gerichtete Gebetsnische
der Mezquita*

1. Erkläre, weshalb die Zeit der Mauren in Córdoba von vielen auch heute
   noch als „Goldenes Zeitalter" bezeichnet wird.
2. Betrachte die Bilder der Mezquita-Catedral genau und beschreibe islamische und christliche Bau- und Gestaltungselemente.
3. Schreibe eine Begründung für die Wahl der Mezquita-Catedral als UNESCO-
   Welterbe. Gehe dabei auf den Aspekt „Symbol der Eintracht" ein.

Aufgaben

Übrigens

*Der Platz der heutigen
Mezquita-Catedral hat eine
sehr komplizierte Geschichte.
Soweit man das weiß, stand
zunächst ein römischer Tem-
pel an der Stelle und schließlich eine Kathedrale, die sich
nach der Eroberung durch die
Mauren Muslime und Christen
teilten. Die Kirche wurde letztlich aber von den christlichen
Eigentümern verkauft und
anschließend abgerissen, um
der Moschee Platz zu machen.
Als Ersatz wurde außerhalb
der Stadt wieder eine Kirche
errichtet und finanziert. Das
ist jedoch bis heute nicht in
Gänze belegt.
Sicher ist, dass dieser Ort
schon seit langer Zeit der
Religionspraxis gewidmet war.*

Die Mezquita-Catedral wurde von der UNESCO als Symbol der Eintracht ge-
40 wählt. Im Gegenteil dazu stehen die Konflikte, die es rund um das Weltkulturerbe gibt.
2006 ließ der Bischof von Còrdoba die Mezquita-Catedral im Grundbuch-
amt als Eigentum der Kirche eintragen und begann, den Namen „Mezquita-
Catedral" durch „Catedral" ersetzen. Die Begründung dafür war, dass schon
45 vor der Moschee dort eine Kirche gestanden hat. Ein gemeinsames Beten im
Gotteshaus wurde abgelehnt. Viele Menschen setzten sich daraufhin für die
Symbolkraft des Ortes und die Möglichkeit einer interreligiösen Begegnung
ein. Sie reichten 2014 eine Petition ein, um den Namen „Mezquita-Catedral"
zurückzuholen und diese in öffentliches Eigentum zu verwandeln.

4. a) „Symbol der Zwietracht" – Erkläre, warum dieser Titel auch zu passen
      scheint.
   b) Schreibe ein Argument für oder gegen die Namensgebung „Mezquita-
      Catedral".
   c) Recherchiere den aktuellen Stand in Córdoba.

1

House of One – drei Religionen unter einem Dach

In Berlin entsteht ab 2020 ein gemeinsames Haus für die drei Religionen Juden-
tum, Christentum und Islam, das sogenannte „House of One". Unter dem neuen
Dach sollen eine Synagoge, eine Kirche und eine Moschee gebaut werden. Auf der
Homepage steht als Beschreibung:

Ein Haus des Gebets und der interdisziplinären Lehre. Ein Haus der Begegnung, für ein Kennenlernen und den Austausch von Menschen unterschiedlicher Religionen. Ein Haus auch für die, die den Religionen fernstehen.

DREI RELIGIONEN. EIN HAUS. VIER RÄUME.

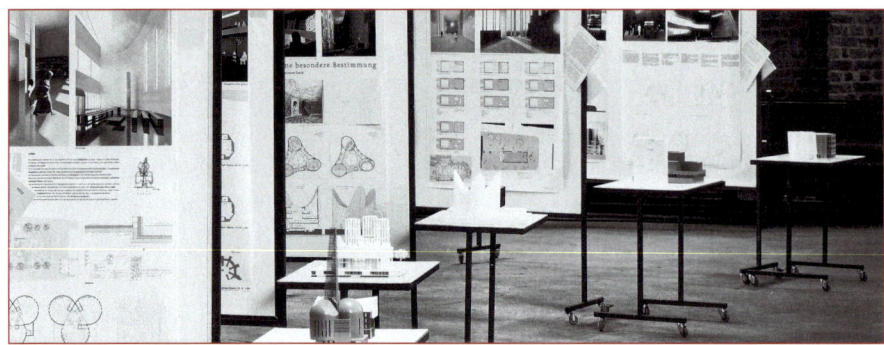

Ausstellung zum
Architekturwettbewerb

Der Bau soll an dem Platz entstehen, an dem früher die Petrikirche stand, die 1945
beschädigt, danach repariert und 1960 abgerissen wurde. Auf den Grundmauern
der Kirche soll das Gebäude errichtet werden. Für den Bau des Hauses wurde ein
Architekturwettbewerb ausgeschrieben, der auch folgende Forderungen stellte:

- Die Architektur des Bet- und Lehrhauses soll eine einladende Offenheit für
  alle, auch den Religionen fernstehenden Menschen zum Ausdruck bringen,
  die dabei aber eine Erkennbarkeit der drei Religionen auch nach außen hin
  gestalterisch umsetzt.
- Die Architektur des Bet- und Lehrhauses soll der Komplexität im Miteinander der Religionen einen adäquaten Ausdruck verleihen.

***adäquat:** angemessen*

 Aufgaben

Tipp

Ihr könnt im Kunstunter-
richt auch Modelle zu euren
Entwürfen bauen und eine
Ausstellung eurer Entwürfe
organisieren. Ergänzt bei der
Präsentation die Modelle
durch eure Skizzen.

1. Stelle Vermutungen an, warum vier Räume gebaut werden sollen.
2. a) Skizziere mit Blick auf die Forderungen selbst ein „House of One".
   b) Stelle es der Klasse vor. Gib deinem Haus auch einen Namen.
   c) Wählt in der Klasse begründet einen Gewinner.
3. Das „House of One" wird auf den Mauern einer Kirche wieder aufgebaut,
   die zerstört wurde. Diskutiert, ob das ein geeigneter Ort ist?
4. Formuliere selbst Forderungen an den Bau.
5. Schafft an eurer Schule einen Ort wie das „House of One".
   a) Sammelt hierfür in Gruppen Ideen.
   b) Arbeitet eine Idee aus.
   c) Stellt die Idee der Klasse vor.

Zurückblicken

1. Entwirf eine Tabelle in deinem Heft oder auf einem Plakat und fülle sie mit dem Ziel eines Vergleichs der drei besprochenen Religionen aus. Berücksichtige dabei auch die folgenden zwei Aspekte:
   - zentrale Gebote über die Beziehung zu Gott
   - zentrale Gebote, die das Miteinander der Menschen regeln

2. a) Nenne drei Punkte, die dafür wichtig sind, dass Menschen mit verschiedene Religionen und Menschen ohne Religion miteinander in den Dialog kommen können.
   b) Überlege, wie und wo du ein Gespräch dafür organisieren würdest, und begründe, warum.

3. Erkläre, warum ein Dialog der Religionen oft nicht gelingt.

Aufgaben

Weiterdenken

> *Alles, was ihr wollt, dass euch die Menschen tun, das tut auch ihnen!*
>
> Matthäus 7,12 (Neues Testament)

> *Was du nicht willst, das man dir tu, das füg auch keinem andern zu.*
>
> heute gängige Goldene Regel

> *Man soll niemals einem Anderen antun, was man für das eigene Selbst als verletzend betrachtet. Dies, im Kern, ist die Regel aller Rechtschaffenheit.*
>
> Mahabharata (Schrift des Hinduismus, zwischen 400 v. und 400 n. Chr.)

> *Keiner von euch ist ein Gläubiger, solange er nicht seinem Bruder wünscht, was er sich selber wünscht.* Yahya ibu Sharaf al-Nawawi (Sprüche Mohammeds)

> *Was für mich eine unliebe und unangenehme Sache ist, das ist auch für den anderen eine unliebe und unangenehme Sache. Was da für mich eine unliebe und unangenehme Sache ist, wie könnte ich das einem anderen aufladen?* Samyutta Nikaya (Lehrredensammlung des Buddhismus, ca. 1. Jahrhundert v. Chr.)

4. Vergleiche die Formulierungen der Goldenen Regel: Was stellst du fest?
5. Formuliert eine eigene Goldene Regel.
6. Der Philosoph Immanuel Kant hat auf ein Problem hingewiesen: Ein Verbrecher könnte mit der Goldenen Regel seine Taten vor einem Richter rechtfertigen.
   a) Erläutere, wie der Verbrecher argumentieren würde.
   b) Diskutiert das Problem in der Klasse, bewertet es und stellt eigene Vermutungen dazu an, wie es gelöst werden könnte.

Aufgaben

2 Konflikte und ihre Regelung

Die Leute streiten nur deshalb, weil sie nicht argumentieren können.

Gilbert Keith Chesterton

Konflikt kommt aus dem Lateinischen und bedeutet Aufeinanderprallen.

- Was prallt da aufeinander und warum?
  Und warum prallen? Liegt es daran, dass etwas mit viel Kraft aufeinandertrifft?
- Was macht Konflikte so schmerzhaft?
  Sind es Worte oder Taten? Ist es nur eine Faust, die zuschlägt?
- Wie kann ich mich schützen? Wie kann ich andere (auch vor mir selbst) schützen?

Ist es nicht auch manchmal richtig zu sagen: „Mensch ärgere dich! Aber richtig!"?
Und schließlich: Wie sähe eine Welt aus, die ohne jeden Konflikt auskommt?

I HATE YOU!!!

LÖSUNG

„ *Nicht jene, die streiten, sind zu fürchten,
sondern jene, die ausweichen.* "

Marie von Ebner-Eschenbach

2

1 Konflikte sprechen lassen

 **Aufgaben**

➲ *Standbild S. 111*

Info

*Die **Körpersprache** ist eine Art des Sprechens, die sich in der Körperhaltung, den Gesten (wie etwa bestimmten Handbewegungen) und der Mimik (dem Gesichtsausdruck) zeigt. Körpersprache ist auch in Konflikten sehr wichtig.*

1. a) Beschreibe die Bilder. Gehe besonders auf die Gesten ein.
   b) Stelle Vermutungen darüber an, wo und zwischen wem die Konflikte stattfinden.
2. Erzähle, welche Art der dargestellten Konflikte du kennst und erlebt hast.
3. a) Jeweils zwei aus der Klasse stellen die Bilder A, B, C, D und E als Standbilder nach.
   b) Sprecht mit der Klasse über eure Erfahrungen beim Nachbauen der Szenen: Wie habt ihr euch gefühlt? War es für euch leicht oder schwierig, die jeweilige Position einzunehmen, und warum?
4. a) Stelle Vermutungen darüber an, worum es bei dem Streit in Bild F gehen könnte.
   b) Schreibe auf, was die Frau sagen könnte.
   c) Lest euch eure Aussagen in Partnerarbeit vor, indem ihr die Szene nachstellt und die jeweilige Körperhaltung einnehmt.
   d) Verändert eure Position zueinander, indem der, der die Frau spricht, nun auf einen Stuhl steigt.
   e) Berichtet in der Klasse von euren Erfahrungen: Welche Unterschiede habt ihr zwischen den verschiedenen Positionen festgestellt?
5. Vergleiche folgende Aussagen zu Bild A: Die Frau sagt zu dem Mädchen: „So geht das aber nicht weiter mit dir!" oder „Ich glaube, wir müssen einmal in Ruhe miteinander reden!"
   Beschreibe die Unterschiede und begründe, welche Aussage besser ist, um ein Gespräch zu beginnen.

Konflikte begegnen uns jeden Tag und fordern uns jeden Tag neu heraus.
In diesem Kapitel geht es darum, wie wir mit unserer Art zu reden diese Konflikte beeinflussen können.

Der Konfliktsprache auf den Grund gehen

2

Konflikte zwischen Geschwistern

A „Kannst du nicht einfach in ein anderes Zimmer gehen?", herrschte Elias seinen großen Bruder Emanuel an. „Ich muss für die Schule lernen, deine ewige Telefoniererei nervt gewaltig."

5 „NA-TÜR-LICH verstehe ich meinen feinen Herrn Bruder. Aber ICH kann nicht in ein anderes Zimmer gehen. Hier hat man den besten Empfang, wie du ja weißt." Emanuel rollte die Augen: „Ich bin mir sicher, dass DU guten Empfang für

10 deine ewige Lernerei brauchst."

„Aber ich war zuerst hier und das Wohnzimmer ist für ALLE da", brüllte Elias nun schon fast. Emanuel zuckte nur die Schulter und sagte: „Na, dann passt doch alles. ALLE, das bin ja auch ICH."

15 Daraufhin verließ Elias wortlos, aber türenknallend das Wohnzimmer, seine Sachen schnell unter den Arm geklemmt.

B „Hier, probier doch mal die!", sagte Antonia, Annas große Schwester, und warf Anna eine

20 Jeans hin. „Aber das ist doch gar nicht meine Größe!", protestierte Anna, „Du bist doch mindestens zehn Zentimeter größer als ich."

„Nun ja …", antwortete Antonia. „Stimmt schon, aber die hier ist halt eine Markenjeans, weißt

25 du? Und du kannst sie ja umkrempeln."

Annas Schläfen begannen zu pochen. Blitzartig erhob sie sich und sagte: „Willst du mir damit sagen, dass meine Klamotten für den Geburtstag nicht fein genug sind?"

30 „Es ist ja nicht irgendein Geburtstag, Anna", erwiderte Antonia. „Es ist Alexanders Geburtstag, und da kann man ja nicht herumrennen wie so'n Huhn vom Discounter."

„Das heißt: Du würdest dich unwohl fühlen,

35 wenn ich in meiner üblichen Kleidung … Das kannst du nicht ernst meinen! Es kommt doch nicht auf die Kleidung an, sondern auf die Frage, was für ein Mensch man ist!"

„Jetzt nerv mich nicht mit Menschsein und so,

40 Mädchen", unterbrach sie Antonia und zog sich mit Kajal die Augenbrauen nach. „Menschsein bringt dir mit deiner Hose GAR NICHTS, verstehst du?"

Aufgaben **A**

1. Erläutere, worin für Emanuel und Elias (Situation A) und Antonia und Anna (Situation B) jeweils der Konflikt besteht.

2. Begründe, welche der Personen dir in den jeweiligen Konflikten sympathischer sind.

3. Analysiere die Konfliktsprache in Situation A:

   a) „Natürlich verstehe ich meinen feinen Herrn Bruder", sagt Emanuel in Z. 5. Schreibe den Satz auf ein leeres Blatt. Überlege, welche Wirkung der Satz bei Elias erzielt, und erkläre warum.

   b) Schreibe den Satz noch einmal auf die andere Seite des Blattes, aber ersetze „meinen feinen Herrn Bruder" durch „meinen Bruder" und sage ihn laut vor dich hin. Vergleiche im Anschluss die Wirkung der beiden Sätze.

   c) Ersetze nun in Gedanken die gesamte Anrede durch die Anrede mit „dich". Erkläre, was sich jetzt in der Wirkung ändert.

   d) Elias ist am Ende „wortlos" (Z. 15). Schreibe an seiner Stelle einen möglichen Satz auf, mit dem Elias das Zimmer verlässt, und vergleiche die Wirkung von diesem Satz mit dem wortlosen Abgang aus dem Zimmer.

Tipp

Um die Wirkung zu bestimmen, eignet sich auch das Spielen das Dialogs als *szenisches Spiel S. 147.*

2

4. Analysiere die Konfliktsprache in Situation B:
   a) Nenne alle Wörter, die den Konflikt deiner Meinung nach verschärfen.
   b) Überlege, was die Bezeichnung „Mädchen" in diesem Zusammenhang für eine Bedeutung hat.
   c) Klärt gemeinsam, was Antonia mit dem Begriff „Menschsein" meint.
   d) „Willst du mir damit sagen …?" Diese Frage hört man in Gesprächen häufig. Doch warum stellt man so eine Frage? Ist nicht eindeutig, was jemand sagt? Diskutiert darüber mit Blick auf die Situation.

Konflikte zwischen Eltern und Kindern

Konflikte haben oft etwas mit der Art und Weise zu tun, wie wir miteinander sprechen. Stelle dir folgende Situation vor:

Lionel kommt von seinem Freund nach Hause. Der erste Satz, den er von seiner Mutter zu hören bekommt ist: „Der Geschirrspüler ist schon wieder nicht ausgeräumt." Eigentlich könnte ihn das unberührt lassen. Schließlich wird ihm doch eigentlich nur die Tatsache mitgeteilt, dass die Spülmaschine noch voll ist. Aber statt dies einfach zur Kenntnis zu nehmen, wird Lionel ärgerlich.
5 Warum ist das so?

5. a) Überlegt gemeinsam, warum sich Lionel über diesen Satz ärgert.
   b) Schreibe den Satz „Der Geschirrspüler …" (Z. 2) in dein Heft. Notiere im Anschluss daneben, was die Mutter mit ihrer Aussage tut: Befiehlt sie, schimpft sie oder stellt sie etwas fest?
6. a) Verfasse eine mögliche Antwort von Lionel.
   b) Lest euch die Antworten gegenseitig vor.
   c) Ordnet die Antworten auf einer Konfliktlinie an:

nicht provozierend ————————————————————————→ sehr provozierend

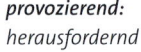

provozierend:
herausfordernd

Wolfdietrich Schnurre
(1920–1989) war ein bedeutender Schriftsteller der westdeutschen Literatur nach dem Zweiten Weltkrieg.

schikanieren:
jemanden quälen

Am Mittagstisch
von Wolfdietrich Schnurre

A: Sitz grade.
B: Sitz ich ja.
A: Du sollst nicht dauernd widersprechen.
B: Ich widersprech ja auch nicht dauernd.
5 A: Da bitte: Schon wieder.
B: Ich widerspreche bloß, wenn ich schikaniert werde.
A: Du wirst doch nicht schikaniert!
B: Wieso widersprichst du mir jetzt?

A: Ich widersprech dir? Ich?!

10 **B:** Ja.

A: Du widersprichst mir!

B: Bloß, wenn ich schikaniert werde. …

7. a) Lest den Dialog mit verteilten Rollen laut vor.

b) Besprecht, welche Stellen man betont und an welchen Stellen man lauter wird.

c) Denkt euch passende Gesten zu bestimmten Stellen aus.

d) Spielt den Dialog der Klasse vor.

8. Beschreibe die Beziehung von Elternteil und Kind, indem du aus der Wortwolke passende Wörter auswählst und deine Wahl begründest. Du kannst ergänzend eigene Wörter finden.

> *Info*
>
> *Gesten sind Bewegungen des Körpers (u. a. Hände, Arme und Kopf), die der Kommunikation miteinander dienen. Sie ersetzen oder betonen das Gesagte.*
> ➲ *Körpersprache S. 40*
>
> *distanziert: auf Abstand (= die Distanz)*

eng   innig   frostig

distanziert   unterkühlt

vertraut   freundschaftlich   von oben herab

9. Erkläre, warum sich B von A schikaniert fühlt.

Zum Unsichtbaren abtauchen – das Eisbergmodell

> Ein Vater sagt zu seinem Sohn, der von seinem Freund spät nach Hause kommt: „Weißt du eigentlich, wie spät es ist?" Daraufhin der Sohn: „Jetzt schimpf doch nicht immer gleich!"

1. Finde Erklärungen dafür, warum der Sohn auf diese Weise reagiert.

Aufgaben Ⓐ

Das Eisbergmodell

Um unsere Kommunikation in Konflikten besser zu verstehen, haben sich verschiedene Wissenschaftler einen Eisberg vorgestellt. Das Besondere an einem Eisberg ist, dass man nur einen kleinen Teil sieht, ein großer Teil ist unsichtbar. Und so ist das auch in Gesprächen. Man sieht, was jemand tut, man sieht die
5 Körpersprache und hört die Worte, man sieht aber nicht, wie sich der Angesprochene gerade fühlt. Sichtbar ist auch nicht, wie die beiden Gesprächspartner zueinander stehen, also wie ihre Beziehung zueinander ist: Sind sie etwa eng befreundet oder handelt es sich um Vater und Sohn, die sich oft streiten? Dies alles spielt aber eine Rolle bei der Frage, wie man bestimmte Aussagen

2

10 versteht. Schließlich kann ein harmlos gemeinter Scherz als Beleidigung aufgefasst werden, wenn der Zuhörer sich gerade nicht gut fühlt. Was man auch nicht sieht, sind die Interessen, die jemand hat. Dem Vater kann es beispielsweise an diesem Tag besonders wichtig sein, dass der Sohn pünktlich heimkommt, weil er später noch zu einem Abendtermin muss und daher in Eile ist.

---

i INFOBOX

Das Eisbergmodell – Sach- und Beziehungsebene

Man spricht in Bezug auf den Eisberg auch davon, dass das Sichtbare die Sachebene darstellt und das Unsichtbare die Beziehungsebene zeigt. Die Beziehungsebene beschreibt, wie Sprecher und Hörer sich zueinander verhalten und sich gegenseitig einordnen. Im Sprechen zeigt sich dann, ob man den anderen wertschätzt und respektiert oder ob man ihn geringschätzt oder sogar verachtet. Es kommt dabei aber auch immer darauf an, wie der Hörer das Gesagte wahrnimmt, ob er sich respektiert oder angegriffen fühlt.

Je mehr sich ein Konflikt verschärft, desto mehr rückt die Beziehungsebene in den Vordergrund und die Sachebene in den Hintergrund.
Es ist demnach sehr wichtig, nicht nur zu betrachten, was auf der Sachebene geschieht, sondern unter die Oberfläche zu schauen. Möglicherweise liegt der Grund für einen Streit in einer bestimmten Gefühlslage und jemand hat eine Aussage dadurch „in den falschen Hals" bekommen. Wenn man auch die Beziehungsebene anschaut, kann man Konflikte nicht nur besser verstehen, sondern auch besser lösen.

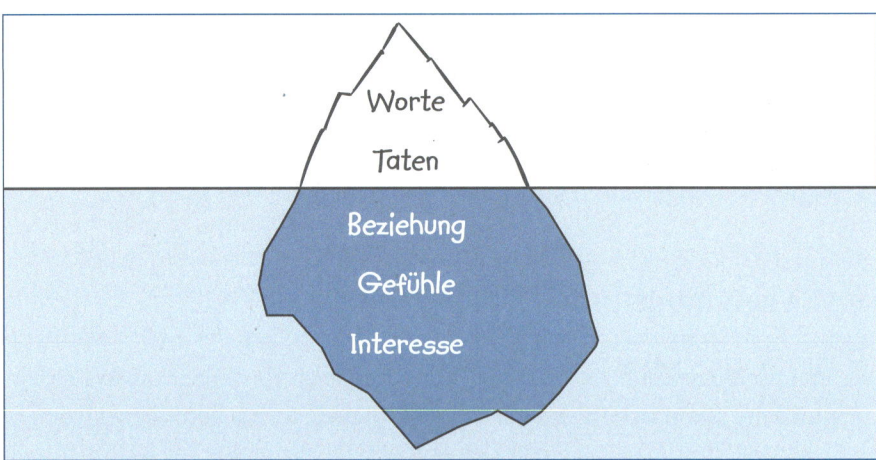

➲ *Körpersprache S. 40*

Tipp

Wenn du dir nicht sicher bist, schau dir nochmal den Text „Am Mittagstisch" auf S. 42 an.

2. Übertrage den Eisberg in dein Heft.
3. An welcher Stelle muss der Aspekt „Körpersprache" stehen? Trage ihn an der passenden Stelle ein.
4. Ergänze dein Eisbergmodell im Heft, indem du die Wörter „Sachebene" und „Beziehungsebene" neben den Eisberg an den richtigen Stellen einträgst.

Unter Strom

Vieles bleibt in einem Gespräch unsichtbar und zeigt sich erst, wenn aus dem Unsichtbaren ein Konflikt entsteht:

Michel kam von der Schule nach Hause. Er war geladen wie selten. Das war heute ein Unglückstag gewesen: Sein neues T-Shirt hatte ein Loch bekommen, er hatte eine Fünf zu-
5 rückbekommen, sein bester Freund war sauer, weil er vergessen hatte, ihm seinen Lieblingscomic wiederzugeben, und seine Hand tat ihm immer noch weh von dem Fahrradsturz. Zu allem Überfluss hatte sein Handy auch noch
10 den Geist aufgegeben, dabei wartete er dringend auf eine bestimmte Nachricht. Und als er nach Hause kam, war das allererste, was seine Mutter zu ihm sagte: „Du solltest dein Zimmer endlich mal wieder aufräumen!" Dieser Satz
15 hat gereicht und er ist explodiert, und zwar so richtig. Man könnte sagen, er ist an die Decke gegangen. Er hat zu seiner Mutter gesagt: „Du bist so doof, nie verstehst du mich, immer willst du nur irgendetwas von mir!" Woraufhin die
20 Mutter antwortete: „Was soll das denn heißen? Was ist nur in dich gefahren? Ich verstehe dich wirklich nicht!" Das brachte Michel noch mehr in Fahrt: „Na, sag ich doch. Nie verstehst du mich! Nie! Immer geht es nur um dich!" „So, Michel, nun reicht es, Schluss, aus! Ich will nichts mehr hören, geh sofort in dein Zimmer und werde erst einmal
25 erwachsen!" Das ließ Michel aber noch mehr aus der Haut fahren ...

Streit
„Du solltest dein Zimmer endlich mal wieder aufräumen ..."

Beziehung
„Meine Mutter ist immer so ..."

Gefühle
„Ich bin ..."
„Ich fühle mich ..."

Interesse
„Ich möchte gerne ..."

Aufgaben Ⓐ

5. Erstelle ein Eisbergmodell zu diesem Konflikt für Michel, indem du das abgebildete Modell in dein Heft überträgst und ergänzt.

6. Lies dir die Punkte 1., 2., 3. und 5. in der Methodenbox auf S. 46 f. durch. Erkläre, welche Punkte aus der Box diesen Streit verschärfen.

7. **a)** Inszeniert den Dialog.
   b) Beschreibt eure Erfahrungen.

8. **a)** Schreibe die Geschichte weiter.
   b) Vergleicht eure Geschichten in der Klasse.

9. Stelle dir vor, dass Michels Mutter auf ihren Sohn zukommt und den ersten Schritt zur Versöhnung macht: Was muss sie ihren Sohn unbedingt fragen? Verfasse mit deinem Banknachbarn eine Frage.

 szenisches Spiel S. 147

2

Das Unsichtbare sichtbar machen – gelingende Kommunikation

Wie genau ist es möglich, das Unsichtbare sichtbar zu machen? Wichtig ist, sich dessen bewusst zu sein, dass es diese unsichtbare Beziehungsebene gibt und dass diese Ebene in Konflikten eine große Rolle spielt.
Die folgende Methodenbox gibt dazu viele Hilfestellungen. Einige davon kennst du bereits, einige davon sind vermutlich neu für dich.

 METHODEN

Gelingende Kommunikation

Grundsätzlich ist zu beachten, dass es eine Sach- und eine Beziehungsebene gibt. Folgende Fragen sind dafür wichtig: Hat der andere mich gerade so verstanden, wie ich es gemeint habe? Wie fühlt sich der andere gerade? Wie stehen wir zueinander?

1 Gutes Zuhören

Die Frage „Hat der andere mich gerade so verstanden, wie ich es gemeint habe?" sollte man sich in Gesprächen immer wieder stellen.
Eine Möglichkeit nachzufragen ist es, das Gehörte in eigenen Worten wiederzugeben. Durch dieses sogenannte Reformulieren werden nicht nur Missverständnisse vermieden, sondern es ist auch möglich, dem anderen damit sein Interesse zu zeigen.

- aufmerksam zuhören
- den anderen ausreden lassen
- zwischendurch nachfragen, wenn ich etwas nicht verstehe.
- den anderen ansehen, solange er spricht

2 Gefühle spiegeln

Gespräche können durch Gefühle auf der Beziehungsebene beeinflusst werden, obwohl diese nicht direkt ausgesprochen werden. Manchmal kann es sogar zum Konflikt kommen, der mit der aktuellen Gesprächssituation nichts zu tun hat. Um das zu vermeiden, werden die Gefühle des Gegenübers beim Spiegeln direkt angesprochen. Dadurch fühlt sich das Gegenüber verstanden und kann die Wahrnehmung korrigieren und ergänzen.
Spiegeln kann auf zwei verschiedenen Arten geschehen. Einerseits durch das Wiedergeben der Gefühle, die mit dem Inhalt des Gesagten verknüpft sind.

Amira: „Heute hatte ich einen heftigen Streit mit meinem Vater. Der hat mir wegen meiner Note in Deutsch nicht erlaubt, zur Feier von Lenja zu gehen, obwohl sie meine beste Freundin ist." Lisa: „Du musstest zu Hause bleiben, obwohl sie deine beste Freundin ist? Das würde mich auch wütend machen!"
Andererseits können sich die Gefühle auch nur durch körperliche Signale oder den Tonfall des anderen äußern. Die Gefühle, die man beim Gesprächspartner bemerkt hat, werden beim Spiegeln dann direkt angesprochen.
Beispiele für Satzanfänge beim Spiegeln:
Ich habe das Gefühl, du …
Für mich sieht es so aus, als ob du …

2

3 Ich- statt Du-Botschaften verwenden

Ich- und Du-Botschaften hängen sehr eng mit der Beziehungsebene zusammen, denn man sieht schließlich nicht, was diese Botschaften beim anderen auslösen. Aber genau darum geht es in der Unterscheidung von Ich- und Du-Botschaften. Mit Ich-Botschaften können Gefühle, Beziehung und Interessen angesprochen werden, die sonst unsichtbar und unausgesprochen bleiben würden. Ich-Botschaften zu formulieren, scheint auf den ersten Blick einfach zu sein. Betrachtet man die Ich-Botschaften aber genauer, dann fällt auf, dass sich viele Ich-Botschaften als Du-Botschaften entpuppen. Denn nicht jeder Satz, der ein Ich enthält, ist auch eine wirkliche Ich-Botschaft. Es ist besser, statt „Ich finde, du bist nervig" „Ich bin verärgert" zu sagen.

Eine Ich-Botschaft besteht aus drei Teilen: Beschreibung des Verhaltens, Offenbarung der Gefühle, Gründe für die Gefühle und Auswirkungen des Verhaltens

BEISPIEL

Du bist zu spät nach Hause gekommen. Das macht mich wirklich wütend, weil jetzt dein Lieblingsessen, das ich extra für dich gekocht habe, kalt geworden ist.

4 Killerphrasen vermeiden

Killerphrasen, die auf der Sachebene hörbar sind, haben eine bestimmte Wirkung auf der Beziehungsebene. Und dies gilt gerade bezüglich der Gefühle. „Das haben wir schon immer so gemacht." „Wer nicht für uns ist, ist gegen uns." „Hast du was, bist du was." „Werde erst einmal erwachsen." Solche Sätze hast du sicher schon einmal gehört. Was hast du auf diese Sätze geantwortet? Es sind Sätze, auf die im Gespräch schwierig zu antworten ist, weil sie keine Diskussion mehr zulassen.

Man nennt sie deswegen auch Killerphrasen. Schließlich machen sie den anderen sozusagen „mundtot". Das kann absichtlich oder unabsichtlich passieren.

Man erkennt Killerphrasen daran, dass sie sich wie eine Art „Ohrfeige" in ein Gespräch schieben. Oft kommen sie zum Einsatz, wenn der Gesprächspartner oder die Gesprächspartnerin nicht mehr mit Argumenten überzeugt werden kann oder wenn das Gespräch schnell zu den eigenen Gunsten beendet werden soll.

5 Feedback geben ...

- Ich-Form verwenden
  „Ich finde, du hast zu leise gesprochen." statt „Du hast zu leise gesprochen."
- beschreiben statt bewerten
  „Ich finde, dass du zu leise gesprochen hast." statt „Ich finde, die Lautstärke war schlecht."
- genaue Rückmeldungen statt allgemeine
  „Ich finde, an der einen Stelle könntest du noch lauter sprechen." statt „Ich finde, das hat alles nicht gepasst."
- ehrlich sein
- Stärken und Schwächen benennen

  „Ich finde, man hat die ersten zwei Teile sehr gut verstanden. Die letzten beiden Teile waren dann aber zu leise gesprochen."
- nur Dinge ansprechen, die man ändern kann, also nicht sagen: „Ich finde, deine Stimme klingt so hoch."

... und nehmen

- zuhören und aussprechen lassen
- nicht entschuldigen oder rechtfertigen
- nachfragen (nur, wenn etwas nicht klar wird)
- mitteilen, falls das Feedback zu umfangreich oder zu negativ ist
- sich am Schluss für das Feedback bedanken

2

Kommunikationstraining

A Aufgaben

Teilt euch in Gruppen mit mindestens vier Mitgliedern auf und probiert anhand der folgenden Situationen die Regeln aus dem Methodenkasten aus. Denkt im Umgang miteinander daran, euch an die Feedbackregeln zu halten.
Haltet eure Ergebnisse in Stichworten fest und benennt einen Sprecher oder eine Sprecherin, die den anderen Gruppen anschließend über eure Erfahrungen berichtet.

Gefühle spiegeln – im Reitstall

Anton striegelt gerade sein Pferd, als er hinter sich eine Simme hört …

Also, heute warst du richtig gut in der Reitstunde. Überraschend gut, Anton. Oder sollte ich besser Antonia sagen?!

Nerv mich nicht, Fabian!

➲ *Gefühle benennen und beschreiben S. 142*

Info

In den USA gibt es an manchen Schulen das Fach „sozial-emotionales Lernen". Die Schüler und Schülerinnen lernen dort, ihre Gefühle zu beobachten. Man geht von der Idee aus, dass man, wenn man versteht, warum man verletzt oder wütend ist, auch besser mit diesen Gefühlen umgehen kann.

1. a) Beschreibe die Gefühle von Anton in Bild 3, indem du passende Adjektive aufschreibst.
   b) Welches Gefühl ist am stärksten? Ordne die Adjektive aus Aufgabe 1a auf folgender Linie an:

   schwach ⟶ sehr stark

   c) Erkläre, warum Anton diese Gefühle hat.
2. In Bild 4 kann ein Konflikt entstehen, wenn Fabian nicht nachfragt. Verfasse eine Aussage für Fabian und frage nach, indem du die Methoden-box anwendest:

   Ich habe den Eindruck, du …

3. Diskutiert, ob auch an eurer Schule das Fach „sozial-emotionales Lernen" eingeführt werden sollte.

Ich- und Du-Botschaften – unter Freunden

Ich bin wütend, weil du dich so gemein verhältst.

Ich finde, du bist total verrückt, wenn du die Fenster im Winter so lange offen lässt.

Die Vase ist nun kaputt. Das macht mich traurig, weil sie mich an meine Urgroßmutter erinnert hat.

Ich bin traurig, weil ich deswegen den Kinofilm verpasse.

4. Benennt die falschen und die echten Ich-Botschaften und begründet eure Entscheidung.

5. a) Spielt die Konfliktsituation „Zimmer lüften" als szenisches Spiel: Einer will das Fenster offen lassen und der andere will, dass es wieder zugemacht wird. Die Szene beginnt damit, dass der, der das Fenster schließen will, den anderen sehr unfreundlich dazu auffordert. Verwendet dabei Du-Botschaften.

⮕ *szenisches Spiel S. 147*

c) Spielt die Szene ein zweites Mal. Verwendet nun Ich-Botschaften.

d) Gebt und nehmt Feedback entsprechend der Methodenbox.

e) Wertet die Szenen aus: Worin liegen die Unterschiede der beiden Szenen?

6. Gestaltet ein weiteres szenisches Spiel zu einem der Konflikte aus diesem Kapitel.

a) Verwendet keine Ich-Botschaften.

b) Verwendet vorwiegend Ich-Botschaften.

c) Wertet das szenische Spiel mithilfe der Feedbackregeln aus.

Killerphrasen vermeiden – unter Klassenkameraden

B: „Kannst du mir bei der Matheaufgabe helfen?"

C: „Nein, ich muss jetzt erst einmal Tom anrufen!"

B: „Kannst du das nicht später machen?"

C: „Nein, kann ich nicht!"

5 **B:** „Warum denn nicht? Ich brauche wirklich Hilfe und du bist so gut in Mathe, best friend ever!"

2

C: „Das ist eben so."

B: „Aber du kannst doch auch locker später anrufen. Wenn ich die Aufgaben jetzt nicht fertig kriege, kann ich später nicht mit zum Training gehen.

10 **C:** „Wenn das Wörtchen wenn nicht wäre!"

B: „Was soll das denn wieder heißen?"

C: „Na, was es eben heißt."

B: „Du bist doof."

C: „Wer andere doof nennt, ist es selbst."

15

7. a) Besprecht, an welchen Stellen ihr Wörter betonen oder lauter werden müsst. Denkt euch auch passende Gesten zu ausgewählten Stellen aus.

➲ *szenisches Spiel S. 147*

   b) Spielt den Dialog als szenisches Spiel.

   c) Gebt und nehmt Feedback entsprechend der Methodenbox.

   d) Tragt das Gespräch der Klasse vor.

   e) Gebt und nehmt Feedback entsprechend der Methodenbox.

8. a) Benennt die Killerphrasen im vorherigen Gespräch.

   b) Erklärt, warum sie hier verwendet werden.

   c) Überlegt, inwiefern diese Phrasen zur Steigerung des Konfliktes beitragen.

9. Benennt die Du-Botschaften im Gespräch.

10. Schreibt das Gespräch so um, dass es weder Killerphrasen noch Du-Botschaften enthält.

11. Stelle Vermutungen über die Beziehung der beiden Klassenkameraden zueinander an: Handelt es sich um eine enge Beziehung? Oder verstehen sich die beiden in der Regel nicht so gut?

12. Jeder der beiden vertritt hier seine eigenen Interessen und keiner geht auf den anderen ein. Erkläre mit Blick auf den Text, ob diese Einschätzung zutrifft.

13. Überprüft die vorangegangenen Dialoge des Kapitels auf Killerphrasen, geht dabei so vor wie in Aufgabe 2–6.

Gutes Zuhören – in der Schule

Annika hatte heute mächtig Ärger in der Schule. Zumindest fühlte sich das für sie so an.

Der Lehrer stand mit dem Rücken zur Klasse. Die beiden Mitschüler rechts neben Annika lachten und warfen mit Papierkügelchen. Schließlich hat es

5 dem Lehrer gereicht. Er hat sich umgedreht und Annika angefahren: „Schluss jetzt! Noch einmal und wir werden heute noch ein Wörtchen miteinander zu sprechen haben!" Annika aber hat daraufhin laut gesagt: „Das war ich doch gar nicht, das waren die …!" Der Lehrer fuhr dazwischen: „Jetzt auch noch die anderen beschuldigen! Das haben wir gern!"

10 Annika sagte nichts mehr, war aber ziemlich sauer. Was heißt sauer? Stinksauer war sie!

Auf dem Nachhauseweg erzählte sie ihrer besten Freundin Mira aus der Nachbarklasse davon.

„Der hat mich so ungerecht behandelt, Mira. Nicht einmal ausreden lassen
15 hat er mich! Gemein und fies! Ich bin echt enttäuscht!"

Mira blickte von ihrem Handy auf und fragte nach: „Warum bist du enttäuscht?" „Na, weil er mich ungerecht behandelt hat!" „Wieso denn?" „Aber das sag ich doch, weil er mich beschuldigt hat, dabei habe ich gar nichts gemacht!" Mira tippte kurz auf ihrem Handy herum, dann antwortete sie:
20 „Warte mal gerade, ich sag gleich noch was dazu!" ...

Aber dazu kam es nicht mehr, Annika hatte bereits auf dem Absatz kehrtgemacht und war schnurstracks zurück zur Schule gelaufen. Sie musste sich das jetzt einfach von der Seele reden und zwar am besten jetzt gleich. Und wenn Mira Besseres zu tun hatte ... Sie klopfte am Lehrerzimmer ...

14. Erklärt, welche Regeln des guten Zuhörens in der Geschichte verletzt werden.

15. Verfasst selbst ein Gespräch mit dem Lehrer, das Annika im Anschluss führen könnte:

a) Bereitet euch vor, indem ihr eure Gruppe in zwei Hälften teilt. Die eine Hälfte verfasst ein gelingendes Gespräch, in dem alle Regeln des guten Zuhörens beachtet werden. Die andere Hälfte verfasst ein nicht gelingendes Gespräch, in dem die Regeln nicht beachtet werden.

b) Überlegt euch zuerst, wo das Gespräch stattfindet, und wählt aus den drei Bildern die Positionen der beiden Gesprächspartner aus.

c) Verfasst nun einen kurzen Dialog, in dem das Zuhören entweder gelingt oder nicht gelingt.

d) Tragt euch die Dialoge gegenseitig vor und bewertet sie.

2 Zurückblicken

1. a) Beschreibe folgende Bildergeschichte.

Aufgaben **A**

b) Erkläre, was diese Geschichte mit dem Kapitel zu tun hat.

2. a) Wenn dir folgende Aussagen im Gespräch begegnen, wie kannst du sie benennen:

Das weiß man doch!   *Du bist echt schwer von Begriff.*

Weil das eben so ist.   *Du immer mit deiner Angst.*

Ich bin wütend, weil du so fies bist.

b) Erkläre, warum und wie diese Sätze zur Entstehung von Konflikten beitragen.

Weiterdenken

3. Beschreibe, welcher Konflikt auf dem Schild angesprochen wird.

4. Schau dir die Sprache des Schildes genau an:

a) Erkläre, wie du die Sprache empfindest: neutral, anklagend, drohend, sachlich?

b) Begründe, warum dies so ist.

5. Vergleiche das Schild mit folgendem alternativen Text: Was stellst du fest?

Wir bitten Sie, sich nicht am Strand durch Sonnenstühle oder ähnliche Gegenstände einen Platz zu reservieren. Unser Strand soll jederzeit für alle gleichermaßen zur Verfügung stehen. Haben Sie herzlichen Dank für Ihr Verständnis!

PROHIBIDO RESERVAR SITIO EN LA PLAYA

🇪🇸 Queda prohibida la permanencia des sombrillas, parasoles, sillas y demás enseres, sin la presencia de su propietario, con la finalidad de reservar espacio fisico de la playa. Queda prohibida las toldillas o jaimas a menos de 6 metros de servidumbre de la pleamar.

Estos enseres serán retirados y almacenados por las autoridades locales, durante 14 días. Sí transcumido dicho plazo, no fuese retirado por sus dueños, previo pago de 30 €, se considerará como "residuo" y se procederá a su eliminaciòn.

🇩🇪 Es ist verboten Sonnenschirme, Stühle oder sonstige Gegenstände ohne Anwesenheit des Eigentümers am Strand zurückzulassen um somit einen Platz zu „reservieren". Außerdem ist es nicht erlaubt, Zelte oder Pergolas in weniger als 6 m Entfernung von der Wasserlinie aufzustellen.

Die zurückgelassenen Gegenstände werden von den lokalen Autoritäten eingesammelt und während 14 Tagen gelagert. Werden sie in dieser Zeit nicht von ihren Eigentümern nach Zahlung von 30 € abgeholt, werden diese als „Abfall" deklariert und die Entsorgung vollzogen.

GRACIAS POR SU COLABORACIÓN

2 Selten streiten zwei alleine

Jan Steen: Der Streit beim Kartenspiel (17. Jahrhundert)

Aufgaben A

➜ *Bildverstehen S. 139*

1. Beschreibe das Bild.
2. Stelle Vermutungen an, warum es zu dem Streit gekommen sein könnte.
3. Notiere in dein Heft einen anderen Titel für das Bild.
4. a) Stellt das Bild als Standbild dar.
   b) Besprecht, wie ihr euch jeweils gefühlt habt.
5. Stelle Vermutungen darüber an, wie der Konflikt gelöst wird.
6. Das Bild stammt aus dem 17. Jahrhundert.
   Überlege, ob so ein Konflikt in deinem Lebensumfeld stattfinden kann.

Jan Steen (1626–1679) war ein niederländischer Maler. Viele seiner Bilder erzählen Szenen aus dem Alltag.

In diesem Kapitel geht es darum, wie unterschiedliche Wahrnehmungen, Motive und Erwartungen zu Konflikten führen können.
Wie kommt es, dass aus einem kleinen Konflikt zwischen zwei Menschen ein Konflikt, der eine ganze Klasse betrifft, entsteht, wie das beim Mobbing und Cybermobbing passiert? Dabei stellt sich die Frage, wer auf der Bühne von allen beobachtet wird und wer im Hintergrund in diesen Konflikten agiert. Beispiele liefert uns in diesem Kapitel vor allem die Literatur, in der immer wieder von Konflikten erzählt wird.

2

Kurt Held hieß eigentlich Kurt Kläber und lebte von 1897 bis 1959. Er stammte aus einer Arbeiterfamilie und machte eine Lehre als Schlosser, schrieb aber auch Gedichte und gab eine politische Zeitschrift heraus. Weil er sich in der kommunistischen Partei engagierte, musste er 1933, als die Nationalsozialisten an die Macht kamen, aus Deutschland fliehen. Bis zu seinem Tod lebte er in der Schweiz und veröffentlichte mehrere Kinderbücher.

Die rote Zora und ihre Bande spielt in einer kroatischen Küstenstadt und handelt von einer Gruppe von Waisenkindern, die in einer Burg lebt. Der zwölfjährige Branko kommt zu der Bande, nachdem seine Mutter gestorben ist und er wegen eines angeblichen Diebstahls eingesperrt worden ist. Zora, die rothaarige Anführerin, befreit ihn aus dem Gefängnis und nimmt ihn mit in das Versteck. Branko wird aber von den anderen Bandenmitgliedern zuerst abgelehnt, er muss sich seinen Platz erst erkämpfen.

A Aufgaben

➲ *Gedankenkette S. 142*

Konflikte in Gruppen

Die rote Zora und ihre Bande
von Kurt Held

Branko trat ihnen entgegen. „Wart ihr da unten in dem Haus?" Duro schob ihn wütend auf die Seite. „Ja, aber frag jetzt nicht. Wir werden verfolgt", und er jagte an ihm vorbei.

Auch Zora, Nicola und Pavle rannten eilig weiter und Branko blieb nichts
5 anderes übrig, als ihnen zu folgen.

Die Bande eilte weiter über Äcker, Wiesen und Hänge, und erst als sie zwischen den schützenden Felsen des Steinbruchs waren, blieb Duro stehen. „Hier sind wir sicher", sagte er zu Nicola, und dann zu Branko: „Stell dich da oben auf die Höhe und pass wieder auf". Branko kam aber näher. „Ich
10 habe dich schon vorhin gefragt, ob ihr dort unten in dem Fischerhaus wart." „Ich habe dir auch geantwortet", erwiderte Duro, „und du hast es wohl auch verstanden".

Pavle hob seinen Sack hoch: „Ein Huhn."

„Wisst ihr, dass es ein ganz armer Fischer ist, dem ihr das Huhn gestohlen
15 habt, und dass er außerdem mein Freund ist?"

Duro, der Pavle den Sack abgenommen hatte, lachte: „Wenn wir Hunger haben, stehlen wir, wo wir stehlen können. Wir können nicht erst fragen, ob der Mann arm oder reich ist."

Pavle, der über Brankos Angriff erstaunt war, hob seine schweren Hände
20 etwas hoch, dann sagte er: „Es war auch nicht das einzige Huhn, welches er hatte. Es waren sechs da."

„Sechs", fuhr ihn Branko noch zorniger an. „Karaman hat mindestens dreihundert. Wenn ihr schon stehlen müsst, dann stehlt dort."

Nicola pfiff. „Karaman hat einen Hund."
25 Duro lachte wieder, „Ja, er soll nur morgen hingehen und dort ein Huhn stehlen."

Branko wurde durch den Spott noch wütender. „Ich denke, ihr seid Uskoken und wollt genauso tapfere Helden sein wie die, die in der Kirche des heiligen Franziskus liegen. Nun, ich glaube, ein Uskoke hat nie einen ar-
30 men Menschen bestohlen, und ich glaube auch nicht, dass sich ein Uskoke je vor einem Hund gefürchtet hat." Er blickte genauso wütend auf Zora. „Auch keine Uskokin."

1. Gebt den Text in eigenen Worten wieder: Einer beginnt zu erzählen, die anderen in der Klasse ergänzen wichtige Informationen.
2. a) Klärt gemeinsam, was das Thema des Konfliktes ist.
   b) Nennt die versteckten Ursachen des Konfliktes.
   c) Erkläre, um welche Art von Ursachen es sich handelt: unterschiedliche Interessen, verschiedene Wahrnehmungen derselben Sache oder Vorurteile.

3. a) Nenne alle Personen der Bande.
   b) Male eine Linie auf ein leeres Blatt. Ordne dann die Namen der Banden-
      mitglieder so zu der Konfliktlinie an, dass klar wird, wer auf welcher
      Seite steht und wer näher oder weiter weg vom anderen ist.
   c) Legt eine Konfliktlinie auf den Boden des Klassenzimmers. Fünf aus der
      Klasse ordnen sich entsprechend der Zuordnung in Aufgabe 3b um diese
      Linie an. Die Klasse hilft dabei.
   d) Die darstellenden Schüler erzählen von ihren Gefühlen. Die Klasse be-
      richtet, wie das Gruppenbild auf sie wirkt.

4. Betrachte die Entwicklung des Konfliktes genauer.
   a) Erkläre, an welchen Stellen der Konflikt durch ein bestimmtes Verhalten
      immer weiter verschärft wird.
   b) Stelle die Entwicklung des Konfliktes grafisch dar, indem du folgende
      Grafik in dein Heft überträgst und vervollständigst.

Tipp

Schau dir vorher die Infobox auf S. 61 an und beachte deine Ergebnisse aus Aufgabe 4a.

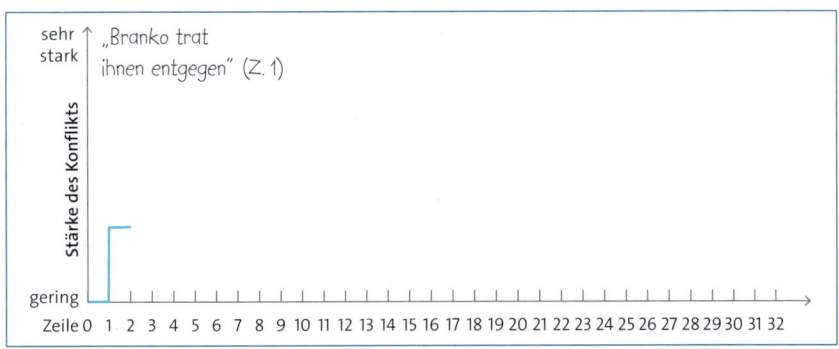

Branko starrte noch einmal auf das Huhn. Pavle rupfte es schon. Nicola
hatte auch bereits Holz zusammengetragen. Gleich würden sie es braten
35 und essen. Es war also sowieso nichts mehr zu machen. Gorians Huhn ging
den Weg aller Hühner. Er wandte sich deshalb um und stieg auf den Rand
des Steinbruchs, wie es Duro verlangt hatte.
Zora war seinen Blicken gefolgt und hatte sie wohl falsch gedeutet, denn
sie rief ihm nach: „Sobald es fertig ist, rufen wir dich oder ich schicke dir
40 etwas davon hinauf."
Branko drehte sich heftig um. „Ich will nichts davon haben. Nichts. Von
dem Huhn des alten Gorian esse ich nicht ein Stück."
Er lehnte sich oben an eine alte Esche und starrte vor sich hin. Er war immer noch wütend, aber nicht nur auf Duro, von dem er schon wusste, dass
45 er sein Feind war und bleiben würde, auch auf Pavle und Nicola, sogar auf
Zora und auf sich selber. Dabei konnte er nicht einmal sagen, warum er die
Zähne zusammenbiss, dass es knirschte. Die Bande konnte ja nicht wissen,
als sie das Huhn stahl, dass der alte Gorian ein armer Mann und außerdem
sein Freund und der Freund seines Vaters war. Die Kinder konnten auch
50 nicht ahnen, dass Branko, und das spürte er wieder deutlich, noch Hem-
mungen gegen das Stehlen hatte. Er war ja selber ein Dieb gewesen und
Zora hatte ihn als Dieb aus dem Gefängnis befreit.

2

Außerdem hungerten die Kinder und mussten essen, und wenn sie nichts stahlen, das wusste Branko gleichfalls, freiwillig gab ihnen in Senji nie-
55 mand etwas.

Aber wie sich auch Branko alles überlegte, wie der die Worte abwog, etwas war noch falsch an allem, irgendwie klafften noch Risse zwischen seinen Gedanken. Er nahm sich vor, wenigstens das, was geschehen war, wieder-gutzumachen. Ja, das musste er.

5. **a)** Ergänze deine Grafik zum Verlauf des Konflikts.
   b) Fasse die Informationen zusammen, die du zum Hintergrund des Kon-
      flikts bekommst.

↪ *Soziogramm S. 146*

6. Zeichne ein Soziogramm der Bande, indem du das abgebildete Soziogramm entsprechend anpasst.

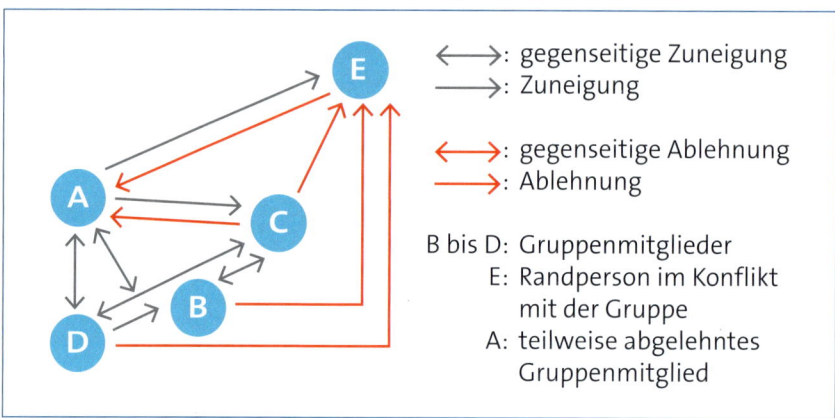

a) Besprecht das abgebildete Soziogramm.
b) Überlegt nun in Partnerarbeit, wie die Personen der Bande zueinander stehen: Wer steht in der Mitte? Wer ist weiter entfernt?
c) Beginnt nun mit einer Figur. Schreibt ihren Namen auf und kreist den Namen ein.
d) Ergänzt die anderen Namen in ähnlicher Weise. Denkt dabei an eure Ergebnisse aus Aufgabe a.
e) Malt zwischen den Figuren, zu deren Beziehung ihr etwas aus dem Text erfahrt, die passenden Pfeile ein.
f) Erstellt gemeinsam eine Legende entsprechend der des abgebildeten Soziogramms: Branko = ... usw.

Tipp

Lest euch auch die Rand-information zum Buch auf S. 54 durch.

↪ *Gefühle benennen und beschreiben S. 142*

7. **a)** Verfasse einen Tagebucheintrag darüber, wie sich Branko in diesem Kon-flikt fühlt.
   b) Erzähle, wie es Branko schaffen kann, „das, was geschehen war, wieder gutzumachen" (Z. 58 f.).

8. Stehlen aus Not – ist das erlaubt? Das ist eine ethische Frage. Diskutiert das Thema in der Klasse. Denkt auch daran zu fragen, ob es einen Unter-schied macht, wen man bestiehlt.

Mobbing – Täter auf der Bühne

2

Oft ist es nicht leicht, zu einer Gruppe zu gehören. Oft gilt dieses Dazugehören nicht für immer. Manchmal passiert es auch, dass jemand noch nie dazu gehört hat.

Tanz der Tiefseequalle
von Stefanie Höfler

Stefanie Höfler wurde 1978 geboren, sie ist Autorin von Jugendbüchern und Lehrerin für Deutsch und Englisch. Ihr zweiter Roman „Tanz der Tiefseequalle" ist mit dem „Luchs" als bestes Jugendbuch 2017 ausgezeichnet worden.

Ja gut und die Sache im Sportunterricht vor Kurzem. Dass der Dicke es im Sport nicht leicht hat, damit muss man rechnen. Die Aktion mit dem Handtuch war aber überdurchschnittlich fies. Fand ich nicht okay, dass die andern ihm die Kleider weggenommen haben, während er geduscht hat. Und
5 er musste dann im Handtuch über den ganzen Sportplatz. Im Sekretariat haben die ihm irgendwelche Kleider aus der Fundkiste gegeben, die hatte er dann den Rest des Tages an. Haben ihm natürlich nicht gepasst, sah aus wie ein zu fest gestopfter Boxsack, weil dem passen ja keine normalen Kleider. Kam er also in den zu kleinen Kleidern zu spät in Mathe, die Hose konnte er
10 nicht mal richtig zumachen, und alle wussten schon Bescheid. Weil Marko die ganze Geschichte natürlich schon in der Pause rumerzählt hatte.

---

1. Erzähle die Geschichte in eigenen Worten nach.
2. **a)** Erkläre, in welcher Beziehung Sera, die Erzählerin der Geschichte, zu Niko, über den erzählt wird, hier steht. Achte dabei auch auf die Art, wie sie spricht.
   b) Bilde aus den Wörtern eine Reihenfolge, die die Stärke der Gefühle von Niko der Reihe nach zeigt.

   beschämt betroffen verängstigt erniedrigt traurig wütend

3. Versetze dich in die Lage von Niko. Erzähle, was du tun würdest, nachdem du Derartiges erleben musstest.

Aufgaben

Info

Die beiden Hauptfiguren des Buches fallen beide durch ihr Aussehen auf: Niko ist sehr dick und Sera auffallend hübsch. Die Handlung wird abwechselnd aus der Sicht einer der beiden Figuren erzählt. So wird gut deutlich, wie sich ihre Meinungen über den jeweils anderen langsam verändern.

Und dann gibt es auch noch die ganz originellen Beschimpfungen, wie zum Beispiel „Von hinten sieht er aus wie ein Panzer!" oder „Du bist so dünn, wie ein Hundeschiss lecker ist".
15 Ich höre immer, was andere über mich reden – wie ein Elefant, von dem man sagt, dass er trotz (warum eigentlich trotz?) seiner imposanten Größe besonders empfindlich ist. Allerdings sind bei mir nur die Ohren empfindlich, ansonsten finde ich mich relativ robust. Ich ignoriere Spitznamen und Angriffe, so gut ich kann. Und ich kann es eigentlich gar nicht so schlecht.
20 Seit ein paar Jahren habe ich sogar das mit dem Heulen ziemlich gut unter Kontrolle. Nicht mal, als die anderen nach dem Sportunterricht meine Kleider geklaut haben, habe ich geheult, obwohl es das Schlimmste war, was mir passiert ist, seit ich auf diese Schule gehe (…).

2

4. **a)** Erkläre, wer im vorangegangenen Textabschnitt (S. 57 unten) erzählt.
   b) Stelle dir vor, du wärst in der Lage des Erzählenden. Überlege, ob du das Ignorieren über die Jahre lernen würdest.
5. Diskutiert in der Klasse: Ist Ignorieren eine gute Strategie?

I INFOBOX

Mobbing

Mobbing bedeutet, dass Menschen von anderen Menschen in ihrem Umfeld, sei es in der Schule, im Sportverein oder in der Nachbarschaft, dauerhaft über einen längeren Zeitraum schikaniert bzw. äußerlich oder/und innerlich verletzt werden. Auf diese Art und Weise gerät die gemobbte Person in eine unterlegene Außenseiterrolle.

Der Begriff kommt aus dem Englischen *(to mob)* und bedeutet: angreifen, anpöbeln, schikanieren. Beispiele für feindselige Handlungen, die andere gezielt verletzen sollen, gibt es viele. Diese können sowohl sehr offensichtlich (körperliche Gewalt) als auch versteckt sein. Auch Worte können verletzen. Man spricht dann von verbaler Gewalt.

---

6. Ergänze mithilfe des Infotextes folgende Definition und notiere sie in dein Heft: *Mobbing bedeutet, dass eine oder mehrere Personen von …*

> Aber Niko, der kam ins Klassenzimmer, als wäre nichts passiert. Sah nicht
> 25 mal verheult aus. Hat sich einfach auf seinen Platz gesetzt mit der offenen Hose – muss man sich mal vorstellen, irgendwie fast schon cool. Die meisten haben natürlich gelacht, als er reinkam. Okay, ich auch, bisschen jedenfalls. Mitgelacht eben. Obwohl ich's nur mittelwitzig fand. Sagen wollte ich aber auch nichts, vielleicht wegen Marko.
> 30 Marko, der ist das exakte Gegenteil von Niko. […]
> Alle finden den gut.
> Und dass Niko da jetzt mitten auf der Wiese steht, hat auch wieder was mit Marko zu tun, ist ja klar. Marko, Jan und ein paar andere haben Nikos Rucksack hoch in den Baum geworfen und jetzt lachen sie sich natürlich halb tot.
> 35 „Bin gespannt, was er jetzt macht." Melinda kaut auf ihren Fingernägeln rum. Neonpink, halb abgeblättert. […] Wir sitzen auf der kleinen Mauer neben der Wiese und gucken in dieselbe Richtung.

➲ Soziogramm S. 146

7. Erstelle ein Soziogramm zu den Figuren in dieser Textstelle. Achte genau auf die Abstände der Personen zueinander.
8. Wende den Begriff „Mobbing" auf die Geschichte von Niko an (siehe auch S. 57). Liegt hier Mobbing vor?
9. Die Beziehung von Sera und Niko wandelt sich im Lauf der Geschichte. Stelle Vermutungen an, in welche Richtung sich diese verändert. Finde dafür Hinweise im Text.

Wie eskaliert ein Konflikt?

Und die ganze Klasse lachte mit
von Anna Belitz

Bis heute betrete ich lieber ein Krankenhaus als meine alte Schule. Aber für die Abi-Feier meiner Schwester bin ich doch dorthin zurück.

Jede Ecke ist mit einer Erinnerung verknüpft. Hier, vor den Biologieräumen, habe ich morgens manchmal gesessen und mich vor meiner Klasse
5 versteckt. Hier habe ich einen Basketball an den Kopf bekommen, dort wurde ich Streberin genannt, da „echt hässlich". Einen Flur weiter bin ich einmal gegen die Tür geprallt, als ich die Beleidigungen nicht mehr hören konnte und einfach losrannte. […]

Eigentlich ist „Mobbingopfer" eine völlig korrekte Bezeichnung, aber ver-
10 wendet wird das Wort vor allem als Beleidigung auf dem Schulhof.

Los ging es für mich in der neu gemischten neunten Klasse. Drei Jungen beleidigten mich, machten sich lustig über mein Aussehen und meine Brille – und die ganze Klasse lachte mit. Manchmal warfen sie mir Bälle an den Kopf oder schrien meine guten Noten durch den Raum, was wieder
15 zu Gelächter führte. Sie hörten nicht mehr auf, und die Klasse machte mit. Selbst meine Freundinnen sagten bald nichts mehr oder stimmten sogar ein, aus Angst, selbst zum Ziel zu werden.

Ich traute mich kaum noch zum Unterricht, hatte nachts Albträume. Wenn ich Hilfe suchte, sagte man mir: „Ist doch nur Spaß." […]
20 Aber mit Jugendstreichen hatte das nichts mehr zu tun.

Als ich mit Tanzstunden anfing, erfanden meine Freundinnen eine Beziehung zu meinem Tanzpartner, und die drei Mitschüler kritzelten meinen Tisch mit Hochzeitswünschen voll. Die Gerüchte verbreiteten sich im ganzen Jahrgang. Ein riesiges Transparent mit unseren Namen und Dutzen-
25 den Herzen wurde aufgehängt, so hoch, dass ich nicht herankam.

Das Hilfsnetzwerk der Schule brachte mir nichts. Die Vertrauenslehrer hatte ich selbst im Unterricht, sie konnten nichts ausrichten. Die Jungen nickten – und machten einfach weiter. Ihre Beleidigungen brachten sie immer so vor, dass man sich einreden konnte, sie wären gar nicht so ge-
30 meint – wenn sie sich nicht jeden Tag wiederholt hätten.

In den „Mobbing-Kasten" der Klasse wurden nur Zettel eingeworfen, damit der Unterricht zugunsten eines Klassengesprächs ausfiel. Einmal sollten wir eines ohne unsere Lehrerin führen. Die Wortführerin stand auf: „Jetzt mal im Ernst – fühlt sich hier irgendjemand gemobbt?" Ich schwieg.
35 In der nächsten Stunde war das Getuschel aus den Reihen hinter mir lauter als sonst.

In Ratgebern heißt es immer, man solle sich an Freunde und Familie wenden. Aber für die Familie ist das Problem unvorstellbar. Ich habe Monate gebraucht, um meinen Eltern zu erklären, dass ich nicht einfach mit den

Anna Belitz (geb. 1996) studiert Deutsche Literatur und Germanistische Linguistik in Berlin. Sie hat in der Oberstufe bei der Gründung einer Schülerzeitung mitgewirkt und zwischen Schule und Studium ein Verlagspraktikum bei einem der größten Wochenmagazine in Deutschland absolviert, in dem auch dieser Artikel erschien.

2

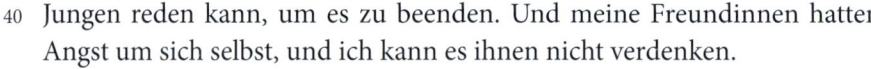

Übrigens

Es gibt mittlerweile ein gro-ßes Angebot an verschiede-nen Selbstbehauptungskur-sen. Diese werden etwa von der Polizei, von Sportvereinen oder auch von Einrichtungen der Jugendarbeit angeboten. Es geht einerseits um die Stärkung des Selbstbewusst-seins, andererseits aber auch um Fragen, wie und wann man sich Hilfe holen kann. Manchmal spielt auch die Selbstverteidigung eine Rolle.

40 Jungen reden kann, um es zu beenden. Und meine Freundinnen hatten Angst um sich selbst, und ich kann es ihnen nicht verdenken.

Mir wurde immer wieder gesagt, ich solle aufstehen und mich den Jungen stellen. Nach einer Weile in einer Selbstbehauptungsgruppe, in die mich meine Klassenlehrerin geschickt hatte, klappte es auch. Ich lernte, dass mir

45 manche Menschen einfach egal sein können und müssen. Und dass ich es nicht verdiene, ausgelacht zu werden.

Die gemeinen Witze wurden weniger, nachdem ich mich nicht mehr ge-troffen fühlte oder versuchte, mich zu rächen. Das vergiftete Gefühl und die Angst blieben. Aber ich wusste jetzt, dass ich eine Lösung verdiene.

50 Und dass ich dafür kämpfen muss.

Ich nutzte die guten Noten, für die ich gehänselt wurde, und übersprang eine Klasse. Meine Lehrer und Eltern fürchteten, das würde sich auf mein Abitur auswirken. Tatsächlich wurde es nicht überragend. Aber dafür war ich in einer Klasse, in der mich morgens alle begrüßten und in der ich

55 nicht bloßgestellt wurde. Fürs Studium zog ich weit weg – und konnte end-lich wieder frei atmen. Meine Tipps für Mobbingopfer:

1. Sprecht immer wieder mit euren Eltern und Freunden und macht ih-nen klar, dass es schlimm ist.

2. Sucht euch Hilfe von außen. In vielen Städten gibt es psychologische

60   Beratungsstellen. Auch Telefonhotlines können hilfreich sein. Die Be-rater dort sind professionell und werden euer Problem nicht kleinre-den. […]

3. Zieht es in Erwägung, nach einem Selbstbehauptungstraining in eu-rer Gegend zu suchen. Dort könnt ihr andere Betroffene finden und

65   trainieren, selbstbewusster aufzutreten und auf fiese Kommentare zu antworten – ohne Druck und so lange, bis ihr es irgendwann auch au-ßerhalb der Gruppe könnt.

A **Aufgaben**

➲ *Gefühle benennen und beschreiben S. 142*

die verbale Gewalt: *Worte können verletzen. Dies ist nicht nur mit direkten Beschimpfungen und Belei-digungen möglich, sondern auch durch Aussagen, die auf den ersten Blick als sachliche Aussagen erscheinen und auf den zweiten Blick aber zeigen, dass sie den anderen abwer-ten, etwa wenn jemand sagt: „Das wirst du mit deiner Begabung nie schaffen."*

1. a) Fasse den Text zusammen, indem du dir vier für dich wichtige Sätze in dein Heft notierst.

b) Vergleicht eure Ergebnisse in der Klasse.

2. Versetze dich in die Lage der Autorin, indem du ihre Gefühle genau be-schreibst.

3. a) Benenne die im Text genannten Lösungswege.

b) Recherchiere im Internet Adressen, die Hilfe für Betroffene von Mobbing geben.

4. Identifiziert Stellen im Text, an denen verbale oder körperliche Gewalt zum Einsatz kommen. Nutzt dazu auch die Worterklärung in der Randspalte.

 **INFOBOX**

Stufen der Eskalation

In der Forschung zu Konflikten wurde ein Modell entwickelt, das die Stufen der Verschärfung eines Konfliktes beschreibt:

9 **TOTALE VERNICHTUNG**
Die eigene Vernichtung wird in Kauf genommen.

8 **ZERSPLITTERUNG**
Der Gegner soll zerstört werden.

7 **BEGRENZTE VERNICHTUNGSSCHLÄGE**
Schaden wird zugefügt und als Erfolg bewertet.

Alarmstufe Rot:
Hilfe erforderlich!   **6** **DROHSTRATEGIEN**
Drohungen nehmen zu.

5 **GESICHTSVERLUST**
Es kommt zu Angriffen, Ziel ist ein Gesichtsverlust des Gegners.

4 **KOALITION**
Suche nach Verbündeten, es geht nicht mehr um die Sache.

Alarmstufe
Orange!   **3** **AKTION**
Reden hilft nichts mehr, nun wird gehandelt.

2 **DEBATTE**
Es entsteht ein Gegeneinander, der andere soll überzeugt werden.

1 **VERHÄRTUNG**
Verschiedene Meinungen stehen sich gegenüber.

---

5. Schaut euch den Infokasten genau an und diskutiert in der Klasse, auf welcher Stufe ihr den Konflikt, den Anna Belitz schildert, einordnet.

6. a) Arbeitet in Partnerarbeit und ordnet die Konflikte in den vorherigen Geschichten den Stufen zu.

  b) Vergleicht eure Ergebnisse in der Klasse.

die Eskalation: die Verschärfung eines Konfliktes

➲ *Die rote Zora S. 54*
➲ *Tanz der Tiefseequalle S. 57*

2 Mobbing – Zuschauer als Mittäter

Folgende Überschriften aus Zeitungsartikeln zu dem Thema „Mobbing" hat die Klasse 7d gesammelt, um ein Plakat zu erstellen.

Alle haben geschwiegen!

Reden ist Silber, Schweigen ist Gold?

WER NUR ZUSIEHT, MACHT AUCH MIT!

Hinschauen, aber blind sein!

JEDER WUSSTE ES!

Keiner hat etwas gesagt!

A Aufgaben

1. Benenne die inhaltlichen Gemeinsamkeiten in den Überschriften.
2. „Wer nur zusieht, macht auch mit": Begründe, ob du dieser Aussage zustimmst.

D DENKRAUM

Mobbing in euer Schule – Wie wird dagegen vorgegangen?

A Befragt eure Lehrer und haltet die Ergebnisse fest.

B Informiert zur Vermeidung von Mobbing mithilfe eines von euch erstellten Plakats.

➡ *Plakat erstellen S. 144*

C Organisiert zusammen mit eurer Lehrkraft einen Informationsstand zum Thema Mobbing für den Pausenhof.

Wer nur zusieht, macht auch mit

Bosheiten unter Schülerinnen und Schülern gibt es schon immer, doch Bosheiten, die – oft auch anonym – über das Internet oder Mobiltelefon ausgeteilt werden, sind anders.

Denn es gibt viele Unterschiede zwischen dem direkten Austeilen auf dem
5 Schulhof und dem anonymen, aber doch für jeden sichtbaren Austeilen in digitalen Netzwerken. Im Internet können die Täter austeilen, ohne selbst gesehen zu werden. Die Möglichkeiten dafür sind nahezu unendlich. Am häufigsten und einfachsten sind abwertende Kommentare in Chatforen.

Die sogenannten Opfer sehen wiederum ihr Gegenüber nicht und der oft
10 unsichtbare Gegner erscheint unglaublich groß, weil er nicht mehr zählbar ist. Wer kann schon wissen bzw. ermessen, wer das öffentlich ins Internet gestellte Medium sieht? Dem Mobbing wird eine große Bühne gegeben, die Zuschauerzahlen steigen.

Oft wird über die Betroffen berichtet oder die Täter werden analysiert. Doch
15 letztlich ist es das große und immer größer werdende Publikum, das dem Täter eine Bühne schafft. Die Zuschauer sind ein wichtiger Teil des Cybermobbings. Im Fachgebiet Pädagogische Psychologie an der Technischen Universität Berlin wird daher gezielt zu den sogenannten „Bystandern" geforscht. Die Fragen, die sie sich stellen, sind Folgende:

*Das **Cybermobbing** wird definiert als die dauerhafte und gezielte Schädigung einer Person über Internet und Mobiltelefon.*

20 Welche Rolle spielen die Bystander von Cybermobbing?

Wie verhalten sie sich und warum verhalten sie sich so?

Wie können Bystander für das Verhindern von Cybermobbing aktiviert werden? Dazu wurde eine Studie mit 30 Berliner Jugendlichen der 9. Jahrgangsstufe aus unterschiedlichen Schularten durchgeführt. Hier konnten Schülerinnen

25 und Schüler in Gruppengesprächen über ihre Erfahrungen berichten.

73,3 % der Teilnehmer erzählten, dass sie in letzter Zeit Cybermobbing als Bystander mitbekommen haben. Die Jugendlichen reagierten dabei sehr unterschiedlich: einige lachten erst einmal mit, andere versuchten tatsächlich, aktiv zu werden, und wieder andere versuchten, die Mobbingattacken

30 bewusst zu ignorieren.

Das bedeutet aber, dass Schweigen nicht einfach Zustimmung zu Cybermobbing bedeutet. Man muss erst genau nach den Hintergründen fragen.

Als Möglichkeiten, aktiv zu werden, nannten die Jugendlichen: Kommentare löschen, Hassgruppen melden oder offline den Täter ansprechen. Einige be-

35 tonten, dass sie nur dann aktiv werden, wenn das Opfer des Mobbings ein enger Freund ist. Ingesamt waren sie aber eher der Meinung, dass solche Handlungsweisen nicht viel bringen.

Übrigens

Mit dem Begriff „Opfer" ist umsichtig umzugehen.

➜ *S. 59, Z. 10–11*

Die Gründe dafür, dass Jugendliche nicht aktiv werden, zeigen, dass Gefühle dabei eine große Rolle spielen. So begründeten die Jugendlichen ihr Verhal-

40 ten zum einem mit dem Gefühl der Ratlosigkeit und zum anderen mit der Angst, in der Folge selbst zum Opfer zu werden.

Insgesamt kommen die Forscher zu dem Schluss, dass Bystander eine bedeutende Rolle spielen. Sie haben dabei Einfluss in beide Richtungen. Sie können Cybermobbing verstärken. Oft wird ein Schweigen von den sogenannten Cy-

45 berbullies nämlich als Zustimmung empfunden. Sie können Cybermobbing aber auch abschwächen oder beenden, wenn sie sich wirklich für die vom Cybermobbing Betroffenen (Cybervictims) einsetzen.

Wie die Jugendlichen motiviert werden können, gegen Cybermobbing aktiv zu werden, daran arbeiten die Forscher immer weiter.

Cyberbullies nennt man Personen, die Cybermobbing ausüben, Cybervictims sind die vom Cybermobbing Betroffenen.

3. Erzähle in der Klasse, was dir schon bekannt gewesen ist und was dich an dem Text überrascht hat.

4. Vervollständigt im Plenum mündlich die Orte und Möglichkeiten für Cybermobbing in Z. 7 f.

5. Übertrage die rechtsstehende Grafik zum Text in dein Heft und ergänze sie.

6. Du möchtest deinen Eltern oder Freunden von dem Artikel erzählen und auf den Inhalt aufmerksam machen: Halte die für dich wichtigste Aussage schriftlich fest.

7. Werdet selbst aktiv, indem ihr ein Plakat mit wichtigen Informationen über die Zuschauer von Cybermobbing erstellt und in der Schule aufhängt.

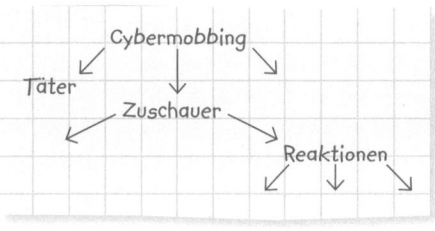

2

Zurückblicken

 **Aufgaben**

1. Betrachte die Zeichnungen und beschreibe sie in je mindestens einem Satz.
2. Die Zeichnungen sprechen verschiedene Themen des Kapitels an. Benenne diese für jedes Bild.
3. Wenn du einen Ratgeber zum Thema „Mobbing" schreiben würdest, welche Punkte wären dir besonders wichtig? Schreibe diese auf, indem du folgende Sätze vervollständigst:
   - Über Mobbing ist wichtig zu wissen, dass ...
   - Wenn man Mobbing beobachtet, dann ...
   - Ein Beispiel für Mobbing ist, wenn ...

Weiterdenken

Konflikte über Textnachrichten ansprechen?

Thomas hatte beschlossen, Mirek zu sagen, was ihn an seinem Verhalten gestern so verletzt hat. Mirek hatte vor der ganzen Clique, als es um die Urlaubspläne ging, erzählt, dass Thomas' Eltern sich dieses Jahr keinen Urlaub leisten könnten. Thomas wusste nicht, warum Mirek das erzählt hatte.
5 Vielleicht war es ihm einfach so herausgerutscht. Aber Thomas hatte ihm gesagt, dass er das nicht weitererzählen sollte. Und so hatte ihn Mireks Verhalten total wütend gemacht. Mit Wut im Bauch war Thomas nach Hause gegangen. Gesagt hatte er nichts, aber umso mehr gedacht. Und nun hatte er beschlossen, Mirek offen zu sagen, was er fühlte, um das Thema aus der
10 Welt zu schaffen. Nach längerem Überlegen schickte er schließlich folgende Nachricht an Mirek:

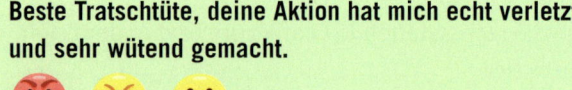

Beste Tratschtüte, deine Aktion hat mich echt verletzt und sehr wütend gemacht.

4. Diskutiert, ob und wie Mirek die Textnachricht wohl versteht.
5. Übersetze die Emoticons.
6. a) Verfasse eine Antwort von Mirek.
   b) Vergleicht eure Antworten und besprecht die Unterschiede.
7. Konflikte per Handy lösen: Diskutiert Vorteile und Nachteile.

3 Anerkennung und Ablehnung – die zwei Motoren von Konflikt und Konfliktvermeidung

2

Die Comiczeichnerin und Illustratorin Soufeina Hamed aus Berlin erzählt unter dem Künstlernamen „Tuffix" in kurzen Comicstrips von ihrem Alltag als Muslimin. Sie zeichnet seit ihrer Kindheit. Die studierte Psychologin bietet auf Instagram außerdem an: „Teile deine lustigen, traurigen oder berührenden Geschichten mit mir und ich verwandle sie in einen Comic!"

Tipp

Ein Interview mit Soufeina Hamed findest du auf S. 24.

1. **a)** Beschreibe die Situation in diesem Comic.
   b) Erkläre, was die Zeichnerin dem Betrachter damit sagen will.
2. Erläutere, was dir an dem Comic gefällt, was dich vielleicht überrascht hat, was dir unter Umständen nicht gefällt.
3. Stell dir vor, die beiden sind Banknachbarinnen. Plötzlich verschwindet bei beiden ein Gegenstand aus dem Federmäppchen. Erzähle, wie sich daraus ein Konflikt entwickeln könnte.
4. Interpretiert zusammen die Überschrift des Kapitels in Bezug auf den Comic.

Aufgaben A

Tipp

Denke daran, was ein Motor macht.

In diesem Kapitel geht es zunächst um Vorurteile als Konfliktursache. Dabei werden weitere Lösungsmöglichkeiten von Konflikten betrachtet. Bei dieser Suche nach Lösungswegen werden auch falsche Wege aufgedeckt, wie etwa der Weg der Gewalt.
Schließlich hängt damit die Frage zusammen, wie man mit seiner Wut in Konflikten am besten umgehen kann. Dazu wird am Ende ein Konfliktlösungsmodell vorgestellt, mit dem man üben kann, in Konfliktsituationen angemessen zu reagieren.

2

Konflikte und Vorurteile

➜ Vorurteile und Stereotype hinterfragen und entkräften S. 147

Vorurteile und Stereotypen prägen nicht selten unser Bild von den Menschen, die uns umgeben und die uns begegnen. Diese kommen oft nicht direkt zur Sprache, können aber einem Konflikt zugrunde liegen oder sind die unmittelbare Ursache für einen Konflikt. Sie sind dabei teils mehr und teils weniger offensichtlich. Oft erscheinen sie tatsächlich als ein „blinder Fleck" im Konflikt, den es erst aufzudecken gilt.

Übrigens

Die vier Comic-Figuren Senay, Frieda, Jeremy und Marek (von links nach rechts) wurden unter dem Motto „Nürnberg ist bunt" von verschiedenen Menschen aus Nürnberg und Erlangen zusammen mit dem Comic-Künstler Flix entworfen. Der Berliner Comic-Künstler Flix ist u. a. bekannt durch seine Beiträge in der „Frankfurter Allgemeine Zeitung". Er wurde mit dem Max-und-Moritz-Preis für den besten deutschsprachigen Comic ausgezeichnet.

A Aufgaben

➜ Cluster S. 140

➜ Gefühle benennen und beschreiben S. 142

➜ Gefühle spiegeln S. 47

Tipp

Blicke zurück auf Kapitel 2.2 „Die Rolle der Zuschauer".

➜ szenisches Spiel S. 147

1. Gib den Comic in eigenen Worten wieder.
2. Nenne die Vorurteile, die den Konflikt „anheizen".
3. Stelle die Gefühle von Marek in einem Cluster dar.
4. a) Beschreibe die Gefühle von Jeremy (dritter von links).
   b) Stell dir vor, Jeremy will die Inhalte und die Gefühle von Marek spiegeln. Verfasse für ihn eine Aussage, die dieses Spiegeln beinhaltet.
   c) Verfasse und zeichne eine Reaktion von Senay (ganz links im Bild) und Frieda (zweite von links) auf dieses Spiegeln.
   d) Diskutiert in der Klasse: Sollte Jeremy (dritter von links) eingreifen?
5. Spielt den Comic als szenisches Spiel nach.
   a) Bildet dazu Vierergruppen.
   b) Jede Gruppe spielt ihr szenisches Spiel nach einer Phase des Übens der Klasse vor.
   c) Besprecht das szenische Spiel, indem ihr euch anhand der Methodenbox auf S. 47 Feedback gebt und annehmt.

Aus Gefühlen kann Gewalt werden …

2

Es ist nicht einfach, unsere Gefühle in einem Konflikt zu kontrollieren, und es ist erst recht nicht einfach, diese dem anderen zu spiegeln. Wie schwierig das manchmal ist und warum, sehen wir auf den nächsten Seiten. Doch auch hier gibt es verschiedene Lösungsmöglichkeiten.

Frieda und Jeremy

1. Erzähle den Comic in eigenen Worten nach.
2. Stelle Vermutungen darüber an, was der Autor des Comics dem Leser mit dem Comic sagen will.
3. Erstelle eine Gefühlswortkiste mit passenden Adjektiven für das Mädchen im vierten Bild: sauer
4. **a)** Was würde passieren, wenn die letzten zwei Bilder fehlen würden? Wird Frieda von ihren Gefühlen überrollt? Kann Frieda ihre Gefühle kontrollieren? Benennt Frieda ihre Gefühle? Wähle aus den drei Bildern eines aus und erzähle die Geschichte mit diesem Bild weiter.

Aufgaben **A**

↪ *Gefühle benennen und beschreiben S. 142*

b) Überlege, wie Frieda es schaffen kann, ruhiger zu werden, bevor sie anfängt, mit Jeremy zu sprechen.

2

Wohin mit der Wut im Bauch?

Körperliche und verbale Gewalt sind in Konflikten oft zu beobachten. Ein Auslöser dafür kann das Gefühl „Wut" sein, das nicht kontrolliert wird. Wut ist ein besonderes Gefühl, das gerade in Konflikten immer wieder vorkommt. Im Folgenden geht es darum, was es mit der Wut auf sich hat und wie man mit seiner Wut umgeht, damit sie nicht zur Gewalt wird.

> Die Wut brennt glühend rot.
> Sie ist wild wie ein Feuer, dessen lodernde
> Flammen nur schwer zu löschen sind.
> Wenn du wütend bist, fühlst du dich
> ungerecht behandelt und du willst
> deine Wut an anderen auslassen.
>
> Anna Llenas, Das Farbenmonster

W …ild
U …unkontrolliert
T …aub

A Aufgaben

➲ *Cluster S. 140*

1. Was ist Wut? Vervollständige das Cluster mithilfe der Darstellungen und des Textes.

anschreien

WUT

2. Beschreibe, was in dir vorgeht, wenn du wütend bist.
   BEISPIELE Die Faust in der Hosentasche ballen, die Zähne zusammenbeißen, lauthals schreien …
3. Beschreibe eine Situation, in der du einmal richtig wütend warst. Schildere möglichst ausführlich, wie sich deine Wut angefühlt hat.
4. a) Male einen Boxsack in dein Heft.
   b) Zeichne in den Boxsack, was dich wütend macht.

schildern: sprachliche Beschreibung einer Landschaft, Situation oder einer persönlichen Stimmung

➲ *Gefühle benennen und beschreiben S. 142*

Wut unter der Lupe

5. Benenne die Redewendungen, die auf der Abbildung dargestellt sind.
6. Beim Streiten darf man die Fäuste ballen, aber …

Fädelt dazu eine Gedankenkette auf. Um die Kette aufzufädeln, fügt jeder reihum seinen eigenen Gedanken hinzu. Dabei darf nicht wiederholt werden, was schon gesagt ist. Wenn kein neuer Gedanke mehr hinzugefügt werden kann, endet die Kette.

Übungen zur Wutkontrolle

Wut in die richtige Richtung zu lenken und nicht an anderen auszulassen, kann man üben. Dafür gibt es verschiedene Möglichkeiten, die auch bei Trainingsprogrammen mit Kindern und Jugendlichen außerhalb der Schule eingesetzt werden.

Erste Übung zur Wutkontrolle: Wut in Bewegung umwandeln

Eine Möglichkeit besteht darin, dass man seiner Wut durch körperliche Bewegung Luft verschafft, weil Wut etwas mit Energie zu tun hat, die irgendwo hinmuss. Denn es ist wichtig, die Wut nicht zu unterdrücken. Schließlich ist unterdrückte Wut oft besonders gefährlich, da sie irgendwann doch ausbrechen kann. Es geht darum, der Wut einen Raum zu geben, in dem sie nicht zur Gewalt wird und sich nicht gegen andere richtet.

1. Stelle Vermutungen an, warum Wut besonders gefährlich ist, wenn man sie unterdrückt.
   TIPP Denke an das Bild eines Vulkans, auf den man einen Deckel hält.

Aufgaben

2

2. Erkläre mit Blick auf die Sprichwörter (Aufgabe 5, S. 69), warum eine Möglichkeit der Wutkontrolle körperliche Bewegung ist.

3. Folgende Aktivitäten stehen zur Auswahl:
   auf der Stelle hüpfen, Kniebeugen, Hände zu Fäusten ballen und wieder loslassen (ganz schnell hintereinander), auf ein Bein stellen.
   a) Wähle aus den aufgelisteten Aktivitäten eine aus.
   b) Wenn du das nächste Mal wütend bist, übe diese Aktivität aus.
   c) Beobachte, wie du dich danach fühlst.
   d) Erzählt nach einer Woche von euren Erfahrungen in der Klasse.

Zweite Übung zur Wutkontrolle: ein Wutprotokoll führen

Ein Wutprotokoll kann helfen, seine Wut besser zu verstehen und dann auch kontrollieren zu können. Dabei geht man davon aus, dass ein stärkeres Nachdenken und Erforschen der eigenen Gefühle kontrollierte Verhaltensweisen fördert. Man spricht schließlich auch von der „blinden Wut", die nicht sieht, was sie ist und was sie macht. Damit diese Wut aber sieht, kann man selbst genau hinsehen und seine Wut genauer betrachten.
Das funktioniert folgendermaßen:

4. a) Übertrage die Tabelle auf ein eigenes Blatt.

	Tag		
1	Worüber ärgerst du dich? Beschreibe kurz die Situation.		
2	Was ist dein erster Gedanke über den anderen?		
3	Wie stark ist deine Wut auf einem Wutthermometer von 0 bis 100?		
4	Spürst du körperliche Anzeichen, die dir sagen, dass du wütend bist oder wirst? (z. B. starkes Herzklopfen, heißer Kopf, Zittern …)		
5	Wie hast du auf die aufkommende Wut reagiert?		
6	Warst du mit dem Ergebnis zufrieden?		

   b) Trage in der folgenden Woche alle Ereignisse in die Tabelle ein, die dich wütend gemacht haben.

5. a) Besprecht nach einer Woche eure Erfahrungen mit dem Protokoll, indem ihr euch besonders über eure Reaktionen (5 und 6) austauscht.

2

b) Sammelt an der Tafel die Verhaltensweisen, die eine gute Lösung für den jeweiligen Konflikt darstellen. Falls eine Verhaltensweise im jeweiligen Konflikt nicht zufriedenstellend war, findet bessere Verhaltensweisen für die genannte(n) Situation(en).

➲ Situation S. 137

6. Führt erneut eine Woche euer Wutprotokoll und berichtet im Anschluss über eure Verhaltensweisen.

A Male diese drei Gefühle auf je ein Blatt. Nutze möglichst verschiedene Techniken und Farben, etwa Tusche, Wachskreide oder einfach Buntstifte.

DENKRAUM D

Angst   Freude   Wut

Deine Mitschüler und Mitschülerinnen können erraten, welches Gefühl jeweils dargestellt wird.

B Sammelt gemeinsam einzelne Wörter, die „wütend sein" bezeichnen. Ihr könnt auch neue erfinden. Schreibt sie in unterschiedlichen Schriftarten und -größen auf, zum Beispiel am Computer.

C Erzähle eine Geschichte, in der jemand ...
... seine Wut ungezügelt auslebt.
... seine Wut im Zaum hält und einen anderen Weg findet, sie abzubauen.
Überlege dir zuerst, welche Personen vorkommen sollen. Du kannst ein paar Stichworte dazu aufschreiben, was passieren soll. Das erleichtert dir das Erzählen.

Ein Konzept zum Lösen eines Konfliktes

Von Wölfen und Giraffen

Man kann jemanden mit Worten angreifen und verletzen. Oft schlägt der andere im Gespräch dann mit Worten zurück. Oft entfernen sich dadurch aber beide Gesprächspartner immer weiter voneinander.
Marshall B. Rosenberg, der Begründer der Gewaltfreien Kommunikation, hat
5 diese aggressive Sprache, in der es um Angreifen, Verletzten und Schlagen geht, Wolfssprache genannt. Diese Sprache hat seiner Idee nach zur Folge, dass sich der andere schlecht fühlt oder sich wehrt oder ausweichend reagiert. Die Wolfssprache hat nach Rosenberg verschiedene Merkmale. Zum einen geht es in dieser Sprache immer um Wertungen. Der andere wird
10 bewertet, indem man etwa sagt „du bist schwer von Begriff" oder „du bist klug". Zum anderen kritisiert man den anderen, indem man beispielsweise sagt „Du bist eine Klette!" In dieser Sprache geht es außerdem immer da-

Marshall B. Rosenberg
(1934–2015) war ein Psychologe aus den USA. Er ist vor allem durch sein Konzept der Gewaltfreien Kommunikation (GFK) bekannt geworden. Sein Ziel war es, durch gelungene Kommunikation das Miteinander zu verbessern.

2

⮕ *Stereotyp S. 137*

⮕ *Vorurteile und Stereo-type hinterfragen S. 147*

Übrigens

Die Giraffe hat das größte Herz aller Landsäugetieren.

15 rum, sich im Recht zu fühlen und nach Schuld zu suchen. Und schließlich werden in der Wolfssprache Forderungen gestellt. Die Wolfssprache ist eine Sprache, die von einem Kopf ausgeht, in dem es lauter Vorurteile und Stereotype gibt.

In der Giraffensprache ist das anders. Sie geht vom Herz und vom Bauch aus. Ihr geht es um Gefühle und Bedürfnisse und zwar sowohl um die eigenen als auch um die des anderen. In der Giraffensprache ist nicht das Rechthaben
20 wichtig, sondern zentral ist, den anderen zu verstehen. Man redet mit dem Herzen und hört empathisch zu. Es werden keine Gefühlswörter, die sagen „Du machst mich ...", genannt, sondern es kommen Gefühlswörter, die ausdrücken „Ich bin ...", zum Zug. Deswegen stellt man an den anderen auch keine Forderungen. Statt Forderungen („Du sollst ...!") hört man in dieser
25 Sprache Bitten („Ich bitte dich ...").

Mit der unterschiedlichen Sprache sind auch verschiedene Menschenbilder verbunden: Im Wolfsland denkt das Ich: „Ich bin okay, du bist nicht okay" oder „Ich bin nicht okay, du bist nicht okay". Im Giraffenland denkt das Ich „Ich bin okay, du bist okay". Bei den Wölfen geht es um Auf- oder Abwertung
30 des anderen. Bei den Giraffen geht es immer darum, den anderen wertzuschätzen, also in seinem Wert zu schätzen.

Ziel der Gewaltfreien Kommunikation ist es, mithilfe eines wertschätzenden Umgangs miteinander, in dem Respekt vor dem anderen und Mitgefühl füreinander an oberster Stelle stehen, gemeinsam Wege und Lösungen zu
35 finden, die die Bedürfnisse aller berücksichtigen.

die Empathie: Fähigkeit und Bereitschaft, Gedanken und Gefühle einer anderen Person zu erkennen und zu verstehen

A **Aufgaben**

1. Übertrage folgende Tabelle in dein Heft und ergänze sie mithilfe der Inhalte des Textes.

Kopf	
	verstehen
bewerten	
	Ich-bin-Gefühlswörter
Forderungen	
...	...

2. Beschreibe die Bilder oben und begründe, welche Sprache zu welchem der dargestellten „Menschenbilder" (Z. 26) passt.

3. Überlege, warum Rosenberg die Sprache „Giraffensprache" nennt.

4. Welche Fragen hast du an Rosenberg? Schreibe sie auf.

5. Rosenberg hat zu der Giraffensprache ein Konfliktlösungsmodell entwickelt.
   a) Lies dir die Methodenbox genau durch.
   b) Nenne die Aspekte, die dir neu sind, und die Aspekte, die du in diesem Buch schon einmal in ähnlicher Weise gehört hast.

6. Den Gefühlswortschatz zu erweitern, kann man trainieren. Die Wortwolke rechts ist etwas durcheinandergeraten:
   a) Wisst ihr genau, was alle diese Wörter bedeuten? Findet zusammen in der Klasse für jedes Gefühl ein Beispiel.
   b) Male eine Wolke für positive Gefühle und eine für negative Gefühle in dein Heft und ordne die Wörter aus der Wolke rechts entsprechend zu.
   c) Ergänze beide Wolken durch weitere Wörter.

glücklich selig
empört *zuversichtlich*
neidisch *zufrieden* geborgen
deprimiert erstaunt **bedrückt**
verzweifelt *trübsinnig*

 METHODEN

Gewaltfreie Kommunikation – das Vier-Schritte-Modell

Beobachtung
„Wenn ich sehe und höre ..."
Wenn ich sehe, wie du meine Schwester ärgerst,

Gefühle wahrnehmen und benennen
... „Ich bin (Gefühlswort)"
bin ich traurig und enttäuscht,

Bedürfnisse erkennen und akzeptieren
... „weil mir ... (+ Bedürfniswort) wichtig ist."
weil mir meine Schwester wichtig ist und mir wichtig ist, dass ihr euch auch versteht.

Bitten aussprechen
„Wärest du bereit (+ konkrete Handlung in diesem Moment) ...?"
Wärest du bereit, mir zu versprechen, dass du daran denkst und sie nicht mehr ärgerst?

2

7. Bedürfnisse bezüglich des miteinander Sprechens zu erkennen, kann man üben. Übertrage die folgenden Sätze in dein Heft, erweitere sie durch mindestens drei Sätze und setze die Kreuze.

☒ ☒ ☒ sehr wichtig ☒ ☒ ◯ wichtig
☒ ◯ ◯ weniger wichtig ◯ ◯ ◯ unwichtig

Für mich ist ◯ ◯ ◯, dass wir über alles reden können.
Für mich ist ◯ ◯ ◯, dass wir gemeinsam eine Lösung finden.
Für mich ist ◯ ◯ ◯, dass man ehrlich ist.
Für mich ist ◯ ◯ ◯, dass man sich schnell wieder verträgt.
Für mich ist ◯ ◯ ◯, dass …

Die folgende Aufwärmübung hat zum Ziel, dich in die Giraffensprache einzuführen und Konflikte nach Art der GFK (Gewaltfreien Kommunikation) zu lösen. Stelle dir folgenden Konflikt vor:

Von der Wolfssprache zur Giraffensprache kommen: Aufwärmübung „Fäuste lösen"

Du hast deinem Banknachbarn oder deiner Banknachbarin deutlich machen wollen, dass er oder sie bei der nächsten Gruppenarbeit mehr mitarbeiten soll. Du hast das Gefühl, oft alles alleine zu machen. Leider ist das Gespräch schiefgelaufen und der Banknachbar oder die Banknachbarin nun wütend. Die Wolfssprache hat sich durchgesetzt.

Nun versuchst du es noch einmal in der Giraffensprache:

8. a) Arbeitet zu zweit: Einer von euch ist der wütende Banknachbar oder die Banknachbarin. Dieser oder diese ballt in der Tasche die Fäuste. Der oder die andere muss nun versuchen, die Fäuste zu lösen, indem er oder sie in Giraffensprache sein oder ihr Problem vorbringt. Erst wenn die Giraffensprache richtig genutzt wird, löst der oder die andere die Fäuste.
   b) Tauscht im Anschluss die Rollen.
   c) Sprecht abschließend in der Klasse über eure Erfahrungen.

Erwin und Oskar

Erwin kann von Geburt an nicht sehen. Bei ihm ist es immer Nacht. Seit er klein war, hat er gelernt, sich damit im Alltag zurechtzufinden. Und dieses Lernen geschieht noch immer jeden Tag. Momentan geht er in die 7. Klasse am Gymnasium. Er ist schon ziemlich selbstständig, wie er findet.

5 Deswegen ist es neulich auch zum Streit zwischen ihm und seinem besten Freund Oskar gekommen. Erwin war genervt von Oskars ständigem Nachfragen, wie es ihm gehe, und dem andauernden Helfen bei Dingen, die Erwin

schon längst alleine kann. Der Streit ist eskaliert, auch weil Erwin sowieso schon schlechte Laune hatte. Oskar ist richtig wütend geworden:

10 **Erwin:** Oskar, du bist eine nervige Klette! Ständig musst du mir helfen.
Oskar: Aber ich will dir doch nur etwas Gutes tun!
Erwin: Das ist doch Quatsch. Du willst nur den Mädchen zeigen, wie toll du bist.
Oskar: Was redest du denn da? Meinst du, das habe ICH nötig?
15 **Erwin:** Was weiß denn ich? ...

Oskar packt Erwin daraufhin kurz und fest an beiden Armen, dann lässt er Erwin mitten in der Eingangshalle stehen, ohne ein weiteres Wort.
Das hat Erwin nicht gewollt. Er wollte doch einfach nur sagen, dass er in Zukunft weniger Hilfe braucht und es ihm wichtig ist, vieles alleine zu ma-
20 chen, um noch selbstständiger zu werden. Dabei wollte er auch sagen, dass er trotzdem furchtbar dankbar ist, dass Oskar ihn so gut unterstützt und immer für ihn da ist und überhaupt der beste Freund ist, den man sich nur vorstellen kann.

9. Spielt die Situation nach.

➲ *szenisches Spiel S. 147*

10. Benenne im Dialog die Aspekte, die du über gelingende und misslingende Kommunikation gelernt hast.
11. Begründe mit passenden Beispielen, warum es sich hierbei um Wolfssprache handelt.
12. Jetzt bist du dran. Stell dir vor, du bist ein Freund von Erwin. Du hast den Streit beobachtet und möchtest ihm helfen. Formuliere nach dem Vier-Schritte-Modell der Gewaltfreien Kommunikation für Erwin Sätze, die er bei einem weiteren Gespräch mit Oskar verwenden kann.

➲ *Gewaltfreie Kommunikation S. 73*

2

Streitschlichter in der Schule

Zwei Streitschlichter erzählen

anschauen „auf Augenhöhe"

ausreden lassen

Plakate aus dem Schlichtungsbüro von Tom und Lara

Was sind Streitschlichter?

Tom: Streitschlichter sind bestimmte Schüler an einer Schule, die dafür ausgebildet sind, in Konflikte einzugreifen und diese auf eine gute Art zu lösen.

Lara: Wir haben sogar ein eigenes Büro. Und wir arbeiten zusätzlich mit ei-
5   nem Lehrerteam zusammen.

Wann greift ihr in einen Streit ein?

Lara: Es gibt eigentlich zwei Möglichkeiten. Zum einen gehen wir in den
Pausen herum und beobachten, ob wir hier irgendwo helfen können. Oft
werden wir auch von jemandem geholt, der auf dem Pausenhof einen
Konflikt beobachtet hat. Zum anderen haben wir einen Briefkasten vor
10   unserem Büro, in den man eine Anmeldung zu einem Schlichtungsgespräch einwerfen kann.

Tom: Es kann ja auch passieren, dass man sich streitet, keiner in der Situation
vor Ort ist und man aber eine Lösung braucht. Diese Lösung suchen wir
15   dann gemeinsam.

Wie läuft so eine Streitschlichtung ab?

Lara: Also, wie schon beschrieben, meldet man sich für ein Konfliktlösungs-
gespräch an, entweder haben wir in den Streit schon eingegriffen oder
aber es ist ein Streit, den wir nicht beobachtet haben. Dafür gibt es einen
20   Anmeldezettel. Wenn sich jemand angemeldet hat, informieren wir die
Lehrerteams, die auch dazugehören, und legen einen Termin für ein Gespräch fest.

Tom: Zu Beginn des Gesprächs werden die Gesprächsregeln und der -ablauf
geklärt. Die Gesprächsregeln hängen bei uns außerdem an der Wand. Das
25   Gespräch geht dann nach dem Vertragsformular vor, das man zusammen
ausfüllt. Erst erzählen beide Konfliktparteien ihre Version der Geschichte.
Zusammen werden im Anschluss Lösungsmöglichkeiten erarbeitet und
diskutiert, wie man in Zukunft mit solchen Situationen umgeht. Das wird
dann in einem Vertrag schriftlich festgehalten, den man miteinander
30   schließt.

Lara: Alles ist vertraulich, wir dürfen anderen von den Gesprächen nichts erzählen. Am Ende wird noch eine Zeit vereinbart, nach der man sich wieder
trifft, um zu klären, wie und ob die Vereinbarungen eingehalten wurden.

Warum seid ihr Streitschlichter geworden?

35   **Tom:** Ich finde das Gefühl schön, helfen zu können.

Lara: Ich glaube, ich wollte gerne etwas bewirken.

Was muss man als Streitschlichter können?

Tom: Als Streitschlichter muss man einiges können und vor allem auch dabeibleiben. Denn wenn man damit angefangen hat, kann man nicht einfach wieder sagen, jetzt will ich doch nicht mehr. Klar gibt es Tage, an denen man mal keine Lust hat, aber dann gibt es auch wieder Tage, an denen man merkt, wie wichtig das Ganze ist.

Lara: Man muss echt dabeibleiben können – bei der Sache. Und Verantwortung tragen wollen, das ist auch wichtig. Vieles lernt man aber erst im Training.

Wie wird man Streitschlichter?

Lara: Also, man bewirbt sich dafür, erklärt, warum man das gerne machen möchte und was man gut und weniger gut kann.

Tom: Und dann fängt man an zu trainieren. Zwei ganze Wochenenden haben wir viel über Konflikte und ihre Lösung gelernt. Wir haben Konflikte nachgespielt und überlegt, wie man mit den anderen spricht und umgeht. Am Ende gab es eine richtige Prüfung.

Aufgaben

1. Halte den Ablauf einer Streitschlichtung schriftlich in deinem Heft fest.
2. Das Bild rechts hat sich ein Gymnasium als Plakat für den Raum der Streitschlichter an der Schule ausgewählt.
   a) Erkläre mithilfe des Textes, an welchen Stellen in dem Bild Streitschlichter helfen können.
   b) Erläutere, inwiefern dieses Bild zum Thema „Streitschlichter in der Schule" passt.
3. Im Schlichtungsbüro der Schule von Tom und Lara hängen bestimmte Gesprächsregeln (S. 76). Ergänze diese durch Regeln, die du in diesem Buch gelernt hast.
   TIPP Blättere dafür Kapitel 2.1 noch einmal durch.
4. Überlegt gemeinsam, warum es wichtig ist, auch Vereinbarungen für die Zukunft zu treffen und einen Vertrag aufzusetzen.

2

Wer soll Streitschlichter werden?

Engin, Liam, Sabine und Maya wollen sich als Streitschlichter bewerben.
Sie haben folgende Steckbriefe verfasst:

Ich heiße Engin und gehe in die 7c.
Meine Stärken:
Ich kann gut diskutieren.
Meine Schwächen:
Ich werde manchmal ziemlich
ungeduldig und bin launisch.
Ich will Streitschlichter werden, weil ich etwas
bewirken will.

Ich heiße Liam und gehe in die 7d.
Meine Stärken:
Ich kann mich gut in andere hinein-
versetzen.
Meine Schwächen:
Ich bin nicht besonders mutig.
Ich will Streitschlichter werden, weil ich Konflikte
nicht leiden kann.

Ich heiße Sabine und gehe in die 7a.
Meine Stärken:
Ich kann gut zuhören.
Meine Schwächen:
Oft finde ich nicht die richtigen Worte.
Ich will Streitschlichter werden,
weil ich anderen gerne helfe.

Ich heiße Maya und gehe in in die 7b.
Meine Stärken:
Ich bleibe meistens ruhig und gelassen.
Meine Schwächen:
Ich rede nicht gerne vor einer Gruppe.
Ich will Streitschlichter werden, weil ich *selbst* früher
oft von anderen geärgert wurde.

5. a) Wähle zwei Personen aus den folgenden Steckbriefen aus, die du zu
Streitschlichtern ausbilden würdest, und begründe deine Meinung.
   b) Betrachte die zwei von dir nicht ausgewählten Steckbriefe erneut.
Erkläre, was die Betreffenden in ihrer Ausbildung zu Streitschlichtern
lernen müssten, um doch Streitschlichter werden zu können. Überlege
abschließend, ob man das lernen kann.
6. Verfasse einen Steckbrief, mit dem du dich als Streitschlichter bewerben
könntest.

Hier sind Streitschlichter gefordert

A Es ist Montagmorgen, große Pause. Michael aus der 7a trottet schlecht ge-
launt über den Pausenhof. Schon wieder eine Fünf in Latein, das gibt Ärger
mit den Eltern. Auf der anderen Seite des Platzes spielt Amad aus der 7d mit
seinen Freunden Fußball. Es geht heiß her, sie achten kaum darauf, was um

5 sie herum geschieht. Es ist keine Absicht, aber schon ist es passiert. Amad
ist mit voller Wucht in Michael gerannt. Der Ball ist verloren. Beide sind
sauer. Wutentbrannt starren sie sich an. Dass einige der herbeigelaufenen
Jungen schreien „Prügelt euch, prügelt euch", hilft nicht gerade, die Situation zu entspannen. Einige Schüler würden gern vermitteln, werden von den

10 anderen aber gleich mit Buh-Rufen bedacht: „Spielverderber, haut doch ab,
wenn ihr feige seid!"

B

7. a) Findet euch in Gruppen zusammen und sucht euch eine der beschriebenen Situationen aus.

b) Teilt die Rollen auf: zwei sind die Schüler, die im Konflikt miteinander sind, zwei sind die Streitschlichter und einer ist die Lehrkraft, die über die Einhaltung der richtigen Sprechweise wacht.

c) Führt nun das Schlichtungsgespräch durch (ca. 10 Minuten), indem ihr den Fragen vom Schlichtungsformular folgt.

d) Füllt im Anschluss ein Schlichtungsformular zusammen aus (ca. 10 Minuten).

e) Sprecht abschließend über eure Erfahrungen mit dem Gespräch in der Klasse.

➲ *Gewaltfreie Kommunikation S. 73*

Schlichtungsformular

Konfliktpartei A: Moritz   Klasse: 7g
Konfliktpartei B: Max   Klasse: 7g
Ort und Zeit des Gesprächs: 14. Mai 2018

Worum ging es? Was ist das Problem?
Moritz wollte sich auf seinen Stuhl setzen. Max stand gerade hinter Moritz' Stuhl und hat diesen dann in dem Moment weggezogen, als Moritz sich setzen wollte. Moritz ist auf den Boden gefallen, hat sich aber nicht wehgetan. Das war nicht das erste Mal, dass Max Moritz geärgert hat. Max sagt, dass das für ihn nur Spaß ist, er will Moritz damit nicht ärgern.

Welche Lösung(en) gibt es?
1. Die beiden gehen sich aus dem Weg, setzen sich auseinander.
2. Max verspricht, keine solchen „Späße" mehr zu machen. Die beiden bleiben nebeneinander sitzen.

Was macht ihr ab?
In Zukunft soll Max keine „Späße" mehr machen. Die beiden bleiben nebeneinander sitzen. In vier Wochen findet ein neues Gespräch statt, in dem diese Vereinbarung überprüft wird.

Konflikt beigelegt? ja: [x] nein [ ]

Konfliktsprache: Giraffensprache eingehalten, Ich-Botschaften?
überwiegend eingehalten, aber oft „Du bist ..." statt „Ich fühle ..."

27. Mai.2018   xxxxxx
Datum   Unterschrift

2

Zurückblicken

A Aufgaben

1. Du willst um neue Streitschlichter bei euch an der Schule werben.
   a) Mache dir einen Stichwortzettel, auf dem du notierst, was ein Bewerber über Streitschlichter wissen sollte.
   b) Gestalte aus deinen Notizen aus Aufgabe a ein Plakat.

   Vorurteile   Konflikte   Wut

2. a) Erkläre, wie die drei Wörter zusammenhängen können.
   b) Erzähle eine Geschichte dazu.

3. Ordne folgende Sätze den Bildern zu:

Ich habe das Bedürfnis, darüber zu reden.   Du bist schlagfertig.

Ich bin traurig darüber.   Ich hätte nur eine kleine Bitte.

Du machst mich verrückt.   Ich habe Unrecht.

Mach das nicht mehr.   Das kann ich nachfühlen.

4. Schreibe den für dich wichtigsten Gedanken aus dem Kapitel in dein Heft.

Weiterdenken

Was wäre, wenn ...

Konflikte sind etwas Alltägliches. Aber ist das wünschenswert?
Dazu ein kleines Gedankenexperiment:

➲ *Gedankenexperiment*
S. 141

Stelle dir eine Zwillingserde vor. Sie gleicht der Erde in allen Punkten. Nur gäbe es auf dieser Zwillingserde keine Streitigkeiten, nicht einmal die kleinsten.

5. a) Wähle aus den folgenden Adjektiven diejenigen aus, die für eine Beschreibung der Zwillingserde passen: perfekt, langweilig, wunderbar, öde, nicht perfekt, paradiesisch.
   b) Begründe der Klasse deine Wahl.

6. Überlege, was der Sohn auf der Zwillingserde auf folgenden Dialog antworten würde. Schreibe die Antwort auf.
   Vater: „Der Geschirrspüler ist wieder nicht ausgeräumt!"
   Sohn: ...

4 Konflikte argumentativ lösen

1. Nenne das Thema, über das bei der Podiumsdiskussion gesprochen wird.

2. a) Ordne die Kommentare der Personen in für dich gelungene und weniger gelungene Beiträge. Begründe deine Zuordnung.

   b) Überprüfe die Richtigkeit der Aussage „Aber dafür spricht doch, dass wir Kinder ein Recht auf Taschengeld haben" mithilfe der Plakate.

3. Am Anfang einer Podiumsdiskussion dürfen alle Teilnehmer ihre Meinung einmal kurz zusammengefasst vorbringen. Trage deine Meinung zu dem Thema kurz der Klasse vor.

4. Erzählt euch gegenseitig, wie dieses Thema in einer Familie Konflikte auslösen kann.

Aufgaben

*Bei einer **Podiumsdiskussion** treffen sich die Vertreter verschiedener Interessensgruppen, um vor einem Publikum ihre Meinungen darzustellen und zu diskutieren. Die Teilnehmer der Diskussion sitzen meistens auf einer erhöhten Fläche (Podium) an einem langen Tisch nebeneinander.*

In diesem Kapitel geht es um die Frage, wie Konflikte im Gespräch mit Argumenten gelöst werden können. Dazu ist es wichtig, genau zu betrachten, was gelungene Argumente ausmacht und wie man mit ihrer Hilfe Kompromisse finden kann. In diesem Zusammenhang richtet sich der Blick auf bestimmte Orte, an denen das Argumentieren einen festen Platz hat, an denen sozusagen gestritten werden soll und darf, wie etwa vor Gericht oder in einem Familienrat.

*der **Kompromiss**: Ausgleich von unterschiedlichen Interessen und Bedürfnissen*

2

Konfliktfeld Familie

A Aufgaben

1. Benenne die dargestellten Konfliktfelder in der Familie.

2. a) Überlege, wie häufig diese Themen zu Auseinandersetzungen mit deinen Eltern führen, indem du für dich eine Reihenfolge erstellst.

   b) Suche dir ein Thema heraus und erstelle dazu in deinem Heft ein Konfliktfeld.

   BEISPIEL

   Kleidung
   Haare

   Art (keine Jeans mit Loch)

   Preis (zu teuer)

   Länge (zu kurz)

3. Wie werden die Auseinandersetzungen in deiner Familie zu einem bestimmen Thema meistens gelöst? Wähle zwei Themen aus Aufgabe 2a aus und kreuze dafür in Gedanken die Tabelle an.

	sehr häufig	häufig	nie
Wir setzen uns in Ruhe zusammen, jeder trägt seine Argumente vor und am Ende finden alle zusammen einen Kompromiss.			
Ich erreiche meine Ziele am besten, wenn meine Eltern gerade gestresst sind.			
Auseinandersetzungen zu diesem Thema enden immer in einem heftigen Streit.			
Wenn ich meine Ziele erreichen will, muss ich die Bedingungen meiner Eltern erfüllen.			

4. Nenne die Arten der Konfliktlösungen, die dir zusagen, und diejenigen, die dir nicht zusagen, und begründe deine Entschätzung.

Argumentieren kann man üben

„Wir setzen uns zusammen und jeder trägt seine Argumente vor", das klingt auf den ersten Blick einfach. Doch was sind eigentlich Argumente? Was unterscheidet gute von schlechten Argumenten? Was müssen Argumente leisten und was heißt Kompromiss?

Erste Annäherung an das Argumentieren

Wenn man sich streitet, prallen unterschiedliche Aussagen aufeinander. Um die eigene Position klarzumachen und vielleicht eine Einigung erreichen zu können, ist es wichtig, verständlich und nachvollziehbar zu argumentieren. In der Diskussion werden einzelne Teile eines Arguments oft nur mitgedacht:

5 Hier stehen sich zwei Behauptungen gegenüber, die sich widersprechen. Wenn hingegen eine Begründung ausgesprochen wird, wird deutlicher, über welche Punkte man sich uneinig ist und wo man einen Ansatz für einen Kompromiss finden kann. Eine mögliche Begründung der ersten Behauptung wäre: „Ich brauche mehr Geld, weil ich mir meine Kleidung selbst kau-
10 fen will."

Prinzipien des Argumentierens

1. a) Notiere dir folgendes Argument in dein Heft: *Ich möchte gerne eine neue Jeans haben, weil meine alte Jeans total kaputt ist. Schließlich braucht man mehr als eine Hose und ich habe außer dieser kaputten Jeans nur noch eine andere Hose.*

Aufgaben Ⓐ

2

b) Lies dir die nachfolgende Methodenbox genau durch.

c) Unterstreiche die allgemeine Regel blau und die Situationsbeschreibung orange.

d) Vervollständige folgendes Argument:

Ich möchte im nächsten Urlaub gerne ans Meer fahren, weil ...

 **METHODEN**

Überzeugendes Argumentieren

Von einem Argument spricht man, wenn eine Behauptung begründet werden soll:

Ich bekomme zu wenig Taschengeld,

(= Behauptung)

weil ich mir meine Kleidung selbst kaufen will.

(= Begründung)

Als Begründung wird oft eine Kombination aus einer allgemeinen Regel und einer konkreten Situationsbeschreibung verwendet. Oft wird diese durch ein Beispiel ergänzt, das das Gesagte veranschaulicht.

Ich brauche mehr Taschengeld, ...

... weil ich mir meine Kleidung selbst kaufen will.

• *In meinem Alter sollte man sich die Kleidung selbst kaufen können.* (= allgemeine Regel)

• *Dazu habe ich zu wenig Geld.* (= Situationsbeschreibung)

Meine engsten Freunde bekommen beispielsweise 50 Euro im Monat mehr und kaufen sich davon ihre Kleidung selbst.

Es geht aber nicht nur darum, dass das Argument formal vollständig ist. Wer will, dass die eigenen Argumente ernst genommen werden, verpflichtet sich außerdem – ohne dass dies ausdrücklich vereinbart werden müsste – zu bestimmten **Prinzipien**, ohne die eine gelungene Argumentation nicht möglich ist:

• **Folgerichtigkeit:** Die Verknüpfung der Aussagen in einem Argument muss richtig sein. Das heißt aus der Aussage A folgt die Aussage B. *Wenn ich mehr Taschengeld hätte, könnte ich mir Kleidung kaufen.* ist eine schlüssige Verknüpfung zweier Sachverhalte. Daraus folgt aber nicht unbedingt: *Damit ich mir Kleidung kaufen kann, brauche ich mehr Taschengeld.* Das Geld könnte ja auch aus einer anderen Quelle kommen. Die zweite Verknüpfung ist also nicht folgerichtig.

• **Widerspruchsfreiheit:** Wer eine Behauptung äußert, darf nicht eine andere Behauptung aufstellen, die mit der ersten im Widerspruch steht, außer die eigene Meinung hat sich geändert. *Ich will alle meine Kleidung selbst vom Taschengeld kaufen. Meine Socken und Unterhosen sollen meine Eltern bezahlen.* Hier liegt ein Widerspruch vor.

• **Wahrheitsverpflichtung:** Wer einen Standpunkt nur vertritt, weil es in der Diskussion vorteilhaft sein könnte, dieser aber nicht wirklich der eigenen Meinung entspricht, macht sich unglaubwürdig.

• **Überprüfbarkeit:** Wenn man sich auf Tatsachen bezieht, sollte man bereit sein, diese auf ihre Richtigkeit zu überprüfen. *Alle in meiner Klasse bekommen mehr Taschengeld.*

- **Begründungspflicht:** Die grundlegendste Verpflichtung ist zugleich die am schwersten erfüllbare. Wer Behauptungen aufstellt, muss bereit sein, diese zu begründen. Da die Begründungen aber wieder Behauptungen enthalten werden, kann man theoretisch immer weitere Begründungen einfordern. Zu einer gelungenen Argumentation gehört also auch, den Punkt zu finden, an dem keine weiteren Begründungen mehr erwartet werden.
Ich will meine Kleidung selbst kaufen, weil ich bestimmen will, wie ich aussehe. – Warum das? –
Es ist mir wichtig, wie ich auf andere wirke. – Warum das? – Wenn andere einen guten Eindruck von mir haben, fühle ich mich selbst besser. – Warum ist es dir wichtig … diese Begründung wird kaum mehr eingefordert werden.

Achtung:
Vermeide zu allgemeine Begründungen.
Ich brauche mehr Taschengeld, weil man in meinem Alter mehr Taschengeld bekommt.

---

2. a) Verfasse eine Begründung für die Behauptung der Eltern auf S. 83.
   b) Reiche dein Argument an deinen Banknachbarn weiter, der dieses mit Blick auf die Methodenbox korrigiert. Korrigiere du entsprechend das Argument deines Banknachbarn.
   c) Überlegt gemeinsam, welchen Kompromiss es zwischen den Eltern und der Tochter geben könnte:
   Die Eltern erhöhen das Taschengeld, aber …
   Die Eltern erhöhen das Taschengeld nicht, aber …

➔ *Kompromiss S. 135*

3. Betrachte folgende Aussagen und erkläre, welche Prinzipien hier nicht eingehalten wurden:
Ich will später ins Bett gehen. Alle aus meiner Klasse gehen später ins Bett!
Ich finde es wichtig, dass ich später ins Bett gehen darf!

Übrigens

Es gibt eine Taschengeldtabelle der Jugendämter, die als Richtschnur dienen soll. Empfehlungen für das Jahr 2019:

8–9 Jahre	*2–3 Euro pro Woche*
10–11 Jahre	*13–16 Euro pro Monat*
12–13 Jahre	*18–22 Euro pro Monat*
14–15 Jahre	*25–30 Euro pro Monat*

4. Betrachte folgende Argumente. In drei der vier Argumente stecken Fehler. Entdecke die Fehler mithilfe der Methodenbox.
Ich brauche öfter neue Kleidung, damit ich in der Klasse besser ankomme.
Ich brauche teure Kleidung, weil die nicht so schnell kaputt geht.
Alle in meiner Klasse haben teure Kleidung. Deswegen brauche ich auch teure Kleidung.
Ich möchte gerne Kleidung haben, die mir gut gefällt, damit ich mich in meiner Haut wohlfühle.

5. Untersuche das Argument und begründe, ob es deiner Meinung nach gelungen ist.
Ich brauche mehr Taschengeld, weil ich mir gern von meinem Taschengeld selbst Kleidung kaufen möchte. Ich finde es nämlich wichtig, dass man in meinem Alter selbst seine Kleidung kauft. Mit dem bisherigen Taschengeld von 20 Euro pro Monat ist es mir aber nicht möglich, auch noch Kleidung davon zu kaufen. Ich finde aber, Kleidung sollte vom Taschengeld gekauft werden.

2

Argumente im Internet

Tagtäglich wird im Internet vieles kommentiert. **Kinder bekommen laut einer**
Zu folgender Schlagzeile einer Zeitung haben **Umfrage mehr Taschengeld**
Leser im Internet ihren Kommentar abgegeben: **als in den Jahren zuvor.**

vergissmeinnicht   10.40

Kinder sollten lieber anfangen früh zu arbeiten. Das ist auf jeden Fall besser.

Beitrag melden   Antworten

soundsoallesgut   10.55

Kinder brauchen mehr Taschengeld, weil alles teurer wird und es wichtig ist, den Umgang mit Geld früh zu lernen.

Beitrag melden   Antworten

simsalaaaabim   16.20

Die Umfrage stimmt so sicher nicht. In meinem Umfeld bekommt kein Kind mehr Taschengeld.

Beitrag melden   Antworten

lalelu   18.03

Kinder sollten nicht so viel Taschengeld bekommen. Das verwöhnt sie zu sehr, aber sie sollten öfter mit ihren Freunden Eis essen gehen und andere Dinge machen können, wie ins Kino zu gehen. Das sollten sie von ihrem Taschengeld bezahlen.

Beitrag melden   Antworten

6. **a)** Lies dir die vier Kommentare durch und entscheide spontan, welcher dir am sympathischsten ist.

   b) Erkläre, auf welchen Kommentar du gerne etwas antworten würdest.

7. Die vier Prinzipien des Argumentierens sind Widerspruchsfreiheit, Wahrheitsverpflichtung, Überprüfbarkeit und Begründungspflicht.
Entdecke
  • den Kommentar, in dem ein Widerspruch vorliegt.
  • den Kommentar, der eigentlich überprüft werden müsste.
  • die zwei Kommentare, in denen die Begründungspflicht nicht richtig erfüllt ist.

➲ *überzeugendes Argumentieren S. 84*

8. **a)** Verfasse mithilfe der Methodenbox selbst einen Kommentar (= vollständiges Argument) zu der Schlagzeile.

   b) Tauscht eure Kommentare mit dem Banknachbarn aus und gebt euch Rückmeldung dazu.

9. Führt zu dem Thema „Taschengeld – Warum? Wofür? Wie viel?" eine Podiumsdiskussion durch.

➲ *Podiumsdiskussion S. 81*

a) Bildet Gruppen zu folgenden Rollen: ein Vater, eine Mutter, zwei Kinder (7. Klasse), eine Lehrerin sowie ein Vertreter des Jugendamts.

b) Sammelt in der Gruppe Argumente zu den Aspekten „Warum? Wofür? Wie viel?" aus der Sicht eurer Rolle. Haltet die Argumente schriftlich fest.

c) Wählt aus eurer Gruppe ein Mitglied aus, das auf dem Podium sitzt.

e) Lest euch vor Beginn der Diskussion die Aufgaben des Publikums durch:
- Das Publikum darf mit Argumenten die Diskussion unterstützen, indem es sich meldet und vom Moderator aufgerufen wird.
- Das Publikum darf und soll nachfragen, wenn Argumente die Prinzipien nicht einhalten oder in anderer Form unklar sind.

d) Führt die Diskussion durch. Die Moderation übernimmt die Lehrkraft.

Tipp

Schaut euch den aktuellen Vorschlag der Jugendämter zur Höhe des Taschengeldes im Internet an.

➲ *Tabelle S. 85*

Vor Gericht

Stellt euch vor, folgendes Thema würde vor Gericht diskutiert:
Peter klagt, dass er zu viel im Haushalt helfen muss, weil …
Er ist der Kläger.
Die Eltern meinen, dass das nicht stimmt und dass er auch helfen muss, weil …
Sie sind die Angeklagten.
Folgende Gesetzestexte stehen sich bei diesem Fall gegenüber:

§ 1619 Dienstleistungen in Haus und Geschäft (Bürgerliches Gesetzbuch)
Das Kind ist, solange es dem elterlichen Hausstand angehört und von den Eltern erzogen oder unterhalten wird, verpflichtet, in einer seinen Kräften und seiner Lebensgestaltung entsprechenden Weise den Eltern in ihrem Hauswesen […] Dienste zu leisten."

Artikel 31 UN-Kinderrechtskonvention
(1) Die Vertragsstaaten erkennen das Recht des Kindes auf Ruhe und Freizeit an, auf Spiel und altersgemäße aktive Erholung […].

In der Gerichtsverhandlung sind neben Kläger und Angeklagten folgende Personen anwesend:
Richter oder Richterin: unabhängig in ihrer Entscheidung und den Gesetzen verpflichtet
Schöffe oder Schöffin: ehrenamtlicher Beisitzer
Zuschauer: unbeteiligte Beobachter

10. a) Gebt die zwei Gesetzestexte in eigenen Worten wieder.

b) Ordnet die Gesetzestexte den Positionen Peters und seiner Eltern zu: Welcher Paragraf spricht für Peter, welcher für die Eltern?

2

➲ szenisches Spiel S. 147

Tipp

Ihr könnt die Rollen vorher in Gruppen genauer besprechen und passende Argumente finden.

Übrigens

Als Schöffe oder Schöffin für seine Gemeinde kann sich grundsätzlich jeder bewerben, der im Besitz der deutschen Staatsangehörigkeit ist. Des Weiteren müssen bestimmte Kriterien erfüllt werden. Das sind folgende:
- *Alter = 25–70 Jahre*
- *ausreichend deutsche Sprachkenntnisse*
- *gesundheitliche Eignung*

11. Führt eine Gerichtsverhandlung mit folgendem Ablauf durch.

a) Verteilt die fünf Rollen: Richter, Schöffe, Kläger und Angeklagte (2). Die restlichen Schülerinnen und Schüler sind Zuschauer und haben die Aufgabe zu beobachten, was gesagt und wie argumentiert wird.

b) Der Richter oder die Richterin begrüßt alle und stellt dar, warum und von wem die Eltern angeklagt werden.

c) Kläger und Angeklagte erzählen, wie viel im Haushalt geholfen wird und tragen ihre Argumente vor.

d) Richter oder Richterin und Schöffe oder Schöffin beraten sich in einem Zweiergespräch und befinden über eine Lösung bzw. einen Kompromiss: Haben die Eltern vollkommen Recht? Hat der Kläger Recht damit, dass er zu viel helfen muss? Die Gesetze können helfen, das Urteil zu begründen.

e) Das Urteil wird verkündet und begründet.

f) Die Schüler und Schülerinnen, die bei dem Prozess zugeschaut haben, berichten von ihren Beobachtungen.

Im Familienrat argumentieren

Um einen Konflikt in einer Familie lösen zu können, gibt es in einigen Familien einen Familienrat. Familienrat bedeutet, dass sich die Familie regelmäßig an einen runden Tisch setzt und Probleme und Fragen gemeinsam bespricht.

Für den Familienrat gelten bestimmte Regeln:
- Alle sind gleichberechtigt.
- Jeder darf das Thema ansprechen, das ihm wichtig ist.
- Die Leitung wird jedes Mal von jemand anderem übernommen, auch von
5   den Kindern, die alt genug sind.
- Man achtet und respektiert sich gegenseitig.
- Man beachtet bestimmte Gesprächsregeln (z. B. gutes Zuhören, keine Beleidigungen).

Der Ablauf ist folgender:

➲ Miteinander sprechen S. 46 f.

10 1   Zurückblicken auf Vereinbarungen, welche in der Vorwoche getroffen wurden: Was hat sich bewährt? Was hat nicht so gut funktioniert?

2   Festlegen von Problemen oder Fragen, die diskutiert werden sollen.

3   Begründen der Standpunkte mit Argumenten zu diesen Fragen.

4   Gemeinsames Erarbeiten einer Lösung, mit der alle einverstanden sind.

Ⓐ Aufgaben

1. Schreibe für dich das Thema auf einen Zettel, das du zurzeit gerne in einem Familienrat besprechen würdest.

Seinen Standpunkt begründen – einen Kompromiss finden

Stellt euch vor, folgendes Thema steht im Familienrat an:

Lukas will gerne in den Sommerferien in ein Zeltlager fahren, in dem christliche und muslimische Pfadfinder zusammentreffen. Sein bester Freund fährt auch mit. Teuer ist das nicht. Das würde aber bedeuten, dass der Familienurlaub zwei Tage kürzer ist, da das Zeltlager in der Zeit ist, in der Lukas'
5 Eltern Urlaub nehmen können. Lukas' kleine Schwester Lola ist deswegen dagegen. Sie wäre gerne weiter weg ans Meer gefahren.
Lukas bringt nun, da er das Thema angesprochen hat, als Erster seinen Standpunkt vor ...

⮕ *christliche und muslimische Pfadfinder S. 22*

2. a) Formuliere Lukas' Standpunkt mithilfe der Methodenbox auf S. 84, indem du folgende Aspekte schriftlich formulierst:
  1. Ich bin der Meinung, dass ...
  2. weil ... (mit Situationsbeschreibung und allgemeiner Regel).
  3. So kann zum Beispiel ...
b) Trage deinen Standpunkt der Klasse vor.
3. Gebt euch gegenseitig Feedback.

⮕ *Feedback S. 141*

Der Familienrat will nun gemeinsam einen Kompromiss finden, dem alle freiwillig zustimmen. Kompromiss heißt, dass alle auf einen Teil ihrer Forderungen verzichten, damit man zu einer Einigung kommt. Ergänzend werden auch Vereinbarungen für die Zukunft getroffen.

⮕ *Kompromiss S. 135*

4. a) Findet euch in Vierergruppen zusammen. Jeder übernimmt eine Rolle:
  Vater, Mutter, Lola, Lukas.
  Diskutiert das Thema und findet einen Kompromiss, dem alle zustimmen.
b) Tragt den Kompromiss der Klasse vor.

A Klassenrat
Richtet einen Klassenrat ein (Ablauf wie beim Familienrat), der alle zwei Wochen zu Beginn der Ethikstunde für 15 Minuten tagt.

DENKRAUM **D**

B Podiumsdiskussion
Organisiert zusammen mit anderen Ethik- oder Religionskursen eine Podiumsdiskussion zu einem Thema, das euch gerade bewegt.

2

Vegetarisch in der Familie

Anne ist Mutter von zwei Kindern, die die 6. und 7. Klasse besuchen. Von Beruf ist sie Tierpflegerin und arbeitet in Teilzeit in einer Tierarztpraxis. Die Kinder erzählen viel von der Schule, am liebsten aus dem Biologie- und dem Geografieunterricht. Anne hat ihre Kinder sehr zur Rücksichtnahme auf
5 Menschen und andere fühlende Wesen erzogen.

Bis zur Geburt der Kinder war sie Vegetarierin, anschließend gab sie das aber auf, weil ihre Eltern stark auf sie einredeten: Sie meinten, dass Fleischessen wichtig für die körperliche Entwicklung der Kinder sei. Tatsächlich essen die Kinder auch gerne Fleisch, wobei Anne Wert darauf legt, dass es aus artgerech-
10 ter Tierhaltung stammt.

In letzter Zeit hat sie sich wieder, wie früher, verstärkt mit der Frage beschäftigt, wie andere Säugetiere fühlen, und kam für sich zu dem Schluss, dass sie keinesfalls weiterhin Tiere essen möchte und eigentlich auch keine Milchprodukte mehr zu sich nehmen will. Die Kinder verstehen das Anliegen ihrer
15 Mutter, weil sie im Schulunterricht bereits viel von ökologischer Landwirtschaft, artgerechter Tierhaltung und Naturschutzanliegen gehört haben. Als ihre Mutter ihnen aber erklärt, dass sie gar kein Fleisch mehr im Haus haben möchte, also auch keine Wurst mehr im Kühlschrank, die die Kinder sich selbst kaufen, sind sie dann doch irritiert, denn sie selbst essen ja gerne
20 Fleisch.

Bei Milchprodukten meint Anne, sei sie für eine Übergangszeit noch kompromissbereit, sofern sich die Kinder am Einkauf von Milch, Eiern und Käse von einem naheliegenden Biohof beteiligen. Aber auch hiervon solle die Familie auf Dauer ganz abkommen. Die Kinder versuchen, ihre Mutter um-
25 zustimmen, aber diese bleibt fest in ihrem Entschluss: Sie meint, sie könne die, wie sie es nennt, Ausbeutung von Tieren einfach nicht mehr mit ihrem Gewissen vereinbaren.

Das Verhalten von Anne ist …

eher falsch				eher richtig		
−3	−2	−1	0	+1	+2	+3

Wie leicht oder schwer ist dir diese Entscheidung gefallen?

eher leicht						eher schwer
0	+1	+2	+3	+4	+5	+6

Tipp

Orientiert euch dabei an Aufgabe 9 auf S. 87.

5. a) Ist Annes Entscheidung richtig oder eher falsch?
Erstelle ein erstes Meinungsbild. Kreuze dazu in Gedanken die Tabelle in der Randspalte an.

b) Untersucht das Meinungsbild eurer Klasse, indem ihr euch folgendermaßen anordnet:
- in einer Ecke sammeln sich alle, die −1 bis −3 angekreuzt haben, in einer anderen Ecke die, die 0 angekreuzt haben, und in einer weiteren Ecke die, die +1 bis +3 angekreuzt haben.
- Haltet an der Tafel fest, wie viele Schülerinnen und Schüler in jeder Gruppe waren.

c) Führt eine Podiumsdiskussion zu dem Thema in der Klasse durch.

d) Prüft das Meinungsbild in der Klasse erneut: Hat sich etwas im Vergleich zu vorher geändert?

6. Was meinst du zu Annes Entscheidung? Ist sie eher richtig oder eher falsch? Verfasse eine schriftliche Argumentation, in der du am Ende zu einer eigenen Einschätzung gelangst.

➲ *überzeugendes Argumentieren S. 84*

Diskussion am Esstisch

Neulich kam es in meiner Familie zu einer hitzigen Diskussion am Esstisch. Das war gar nicht so geplant gewesen. Es hatte alles ganz harmlos angefangen. Ich hatte meiner Familie nur erzählen wollen, dass wir im Ethikunterricht diskutiert haben, ob es in Ordnung ist, wenn Kinder aus Not ande-
5   re bestehlen, damit sie etwas zu essen haben. Ich war mir sicher, dass meine Eltern meiner Meinung waren und dass es für sie in Ordnung ist, andere zu bestehlen, wenn man selbst in größter Not ist. Doch als ich meine Meinung verkündet habe, ist mein Vater plötzlich sehr wütend geworden. „Nein", hat er gebrüllt, „das kannst du doch nicht ernst meinen!" Ich war so überrascht,
10 dass ich erst einmal nichts antworten konnte. Meine Mutter war auf der Seite meines Vaters, hat mir dann aber mit ruhiger Stimme erklärt, dass man nie stehlen darf, auch nicht aus Not. Ich habe es zwar verstanden, war aber trotzdem nicht derselben Meinung. Ich habe schließlich nachgegeben und habe gesagt: „Okay, dann habe ich das vorher wohl nicht richtig bedacht.
15 Nun habe ich es verstanden." Das habe ich nur gesagt, weil ich keinen weiteren Ärger wollte. Aber in mir hat es weiter gebrodelt und gearbeitet und die Frage hat mich nicht losgelassen. Wütend war ich allerdings vor allem auf meine große Schwester. Auf dem Heimweg war sie noch meiner Meinung gewesen und dann zu Hause war sie plötzlich auf der Seite meiner Eltern.
20 Dass ich nicht lache. Das hat sie nur gemacht, damit sie auf die Party am Wochenende gehen darf. Aber das ist doch bescheuert. Ich ärgere mich immer noch ziemlich.

7. Erzähle die Geschichte in eigenen Worten nach.
8. Erkläre, wer das Prinzip der Wahrheitsverpflichtung in der Geschichte verletzt und warum.
9. Diskutiert in der Klasse mit Blick auf die Geschichte die Aussage: „Unaufrichtiges Nachgeben ist keine richtige Konfliktlösung."

unaufrichtig: *nicht ehrlich*

10. Erzählt der Klasse, was ihr anstelle des Ich-Erzählers gemacht hättet.
11. Verfasse ein Argument zu der Frage „Ist Stehlen aus Not erlaubt?", das deine Meinung wiedergibt.

2

Konflikte als Chance

Diese Aussage liest man oft, wenn man in Büchern blättert, die Wege zur Konfliktlösung beschreiben und lehren, wie man Konflikte am besten löst. Will man damit nur Werbung machen, damit das Buch auch gekauft wird, oder steckt in der Aussage vielleicht auch ein Funken Wahrheit?

A Aufgaben

1. Schreibe den ersten Gedanken auf, der dir zu dieser Frage einfällt.

Tom und sein Vater

„Weißt du eigentlich, wie spät es ist?" Diese Frage von Toms Vater, als Tom später als verabredet nach Hause gekommen war, hatte einen riesigen Streit ausgelöst. Türen wurden geknallt. Tom hat einen Tag nicht mehr mit seinem Vater gesprochen.

5 Und dann kam dieser gemeinsame Angelausflug, den sie schon lange geplant hatten. Sie fuhren trotz des Streits zusammen an den See und …

Das war vor einer Woche. Seitdem ist es nicht mehr wie vorher. Tom und sein Vater verstehen sich besser als vorher.

Tipp
Blättere noch einmal zurück auf S. 43 ff.

2. a) Erkläre, wie es zu dem Streit zwischen Tom und seinem Vater gekommen ist.
b) Erzähle in der Klasse, was am See passiert sein könnte.

3. a) Fasse zusammen, was allen Buchtiteln gemeinsam ist.
b) Nenne Ratschläge, die in diesen Büchern stehen könnten.
c) Erklärt, wie die Geschichte von Tom und seinem Vater zu den Titeln passt.
4. In einem der Bücher steht, dass Konflikte zur Klärung zwischenmenschlicher Beziehungen beitragen können.
a) Klärt gemeinsam in der Klasse, was „Klärung zwischenmenschlicher Beziehungen" bedeutet.
b) Verfasst in Gruppenarbeit ein Gespräch zwischen Tom und seinem Vater am See, in dem deutlich wird, wie Tom und sein Vater ihre Beziehung klären.
c) Tragt das Gespräch im Anschluss vor.

Endlich richtig streiten

In einer Zeitung wurde eine Themenwoche zum Thema „Endlich richtig streiten"
veranstaltet. Dazu erschien folgendes Vorwort:

Streitet euch!

von Karsten Polke-Majewski

Wir müssen dringend wieder streiten. Denn ohne Konflikte gehen unsere
Beziehungen kaputt, unsere Identität – und am Ende unsere Demokratie.

5. a) Klärt im Klassengespräch, warum Beziehungen ohne Streiten kaputt
gehen können.
b) Der Autor erklärt in seinem Artikel, dass der bloße Austausch von
Beleidigungen ohne jeden Respekt kein echter Streit ist.
Stelle Vermutungen an, was für den Autor im Umkehrschluss ein echter
Streit ist.

Die Zeitung hat in der Folge Streit in verschiedenen Lebensbereichen, wie bei-
spielsweise Schule, Familie, Arbeit, Internet und Politik, untersucht.

konstruktiv: *nützlich,*
brauchbar, sinnvoll

Schule ist der beste Ort zum Streiten

von Parvin Sadigh

Streit hilft gegen Mobbing und Gewalt. Schüler
müssen aber lernen, wie das funktioniert. Me-
diator Alexander Krohn hilft dabei.

Parvin Sadigh: Herr Krohn, Sie bilden in Lüne-
burg Lehrer zu Schulmediatoren aus. Wenn Ihre
Arbeit erfolgreich ist, wird dann in den Schulen
weniger gestritten?
Alexander Krohn: Nein, viele Schulen stellen
sich das zwar so vor: Wenn ein paar Schüler zu
Streitschlichtern ausgebildet sind und ein paar
Lehrer zu Mediatoren, dann haben wir bald keine Konflikte mehr. Das ist aber nicht das Ziel.
Streit ist wichtig, er soll nicht abgeschafft werden, sondern im Gegenteil sichtbarer gemacht
werden. Das Wichtige beim Streiten ist, wie ich
im Streit miteinander umgehe.
Parvin Sadigh: Was ist gut am Streiten?

Alexander Krohn: Wenn ich konstruktiv streite,
bedeutet das, dass ich mir über meine Gefühle
und Bedürfnisse klar werde und die anderen re-
spektiere. Nur so kann ich mich entwickeln. Wer
lernt, sich richtig zu streiten, schult auch andere
soziale Fähigkeiten: Zuhören zum Beispiel und
Ich-Botschaften zu senden – statt Vorwürfe zu
machen; sowie Empathie, also sich in das Gegenüber einfühlen. Die Folge ist, dass Gewalt
und Mobbing seltener werden.
[…] Wer konstruktive Lösungen sucht, sollte lernen, klar zu formulieren, was er will, und trotzdem bereit für Kompromisse sein. Kompromisse
sind aber gar nicht immer nötig, wenn ich in der
Lage bin, im Streit den anderen zu hören und
seine Perspektive zu verstehen. Dann kommen
die Schüler oft zu einer Lösung, mit der beide
gleichermaßen zufrieden sind.

2

6. a) Lege eine zweispaltige Tabelle an. Notiere in der einen Spalte, was dir in dem Interview mit Alexander Krohn (S. 93) bereits bekannt war, und in der anderen Spalte, was dir nicht bekannt war.

   b) Besprecht eure Ergebnisse in der Klasse.

7. Vervollständige mithilfe des Textes folgende Argumente:
   • Streit ist wichtig, weil ...
   • Streit ist nützlich, weil ...

8. a) Nützlicher Streit oder „inhaltsleerer Kampf"? Diskutiert die Unterschiede.

   b) Sammelt an der Tafel Merkmale eines „konstruktiven Streits".

9. Lies dir die Definition zum Kompromiss im Lexikon durch. Erkläre, warum Alexander Krohn behauptet, dass ein Kompromiss nicht immer die beste Lösung ist. Erläutere, wie die bessere Lösung aussieht.

10. Verfasst in Partnerarbeit ein Interview zum Thema „Streiten in der Familie", in dem ihr folgende Interviewfragen beantwortet:
    Welche Streitthemen gibt es in Familien häufig? Warum ist Streiten in der Familie wichtig? Wie kann man in einem guten Sinne in der Familie streiten?

11. Denke noch einmal über den ersten Gedanken nach, den du zur Frage 1 (S. 92) aufgeschrieben hast. Haben sich deine Gedanken verändert?

konstruktiv: *nützlich, brauchbar, sinnvoll*

➲ *Kompromiss S. 135*

Tipp

Blickt zurück auf die Inhalte dieses Kapitels.

Info

Stuttgart 21 (21 steht für 21. Jahrhundert) ist ein großangelegtes Verkehrsprojekt, das 1994 erstmals der Öffentlichkeit präsentiert wurde. Kern der umfassenden Veränderungen ist der Umbau des Stuttgarter Hauptbahnhofes in einen Tiefbahnhof. Die Baugenehmigung wurde 2005 erteilt, der Bau begann 2010.
Seit dem 26.10.2009 wird dagegen jeden Montag demonstriert.
Die Proteste gegen den Neubau sind trotz der Bauarbeiten nicht abgerissen, auch wenn sie aus dem öffentlichen Interesse etwas verschwunden sind. Am 23.09.2019 gab es beispielsweise die 482. Montagsdemonstration.
Das Projekt steht unter anderem wegen seiner hohen Kosten und der Eingriffe in das ökologische System in der Kritik.

Die Zeitung hat zum Thema „Endlich richtig streiten" nicht nur Konflikte in der Schule betrachtet, sondern auch Konflikte in politischen Bereichen:

> Blinkende Simulationen, riesige Modelle, schicke Schauwände: Auf vier Stockwerken präsentieren die Werber ihre Argumente für das umstrittenste Bauprojekt Deutschlands. […] „Auch wenn sie bauen sollten", sagt der pensionierte Gemeinschaftskundelehrer Frasch oben auf dem
> 5 Dach, „wird vom Protest bleiben, dass die Mächtigen nicht mehr einfach machen können, was sie wollen."
> Stuttgart 21 ist zum Symbol dafür geworden, wie Bürger heute mit dem Staat streiten. […] Ob gegen Atomkraft, Bankenmacht, […] oder eben den Stuttgarter Bahnhof: Auf die Straßen gehen nicht nur junge Radi-
> 10 kale, sondern alle […].
> Eine […] Kritik lautet: Diese Proteste bringen sowieso nichts. Ein bisschen rumlaufen und Schilder hochhalten, ein paar Sprüche auf Plakaten – letztendlich wirkungslos.

12. „... Sprüche auf Plakaten – letztendlich wirkungslos" (Z. 12 f.)
    Notiere den ersten Gedanken, der dir zu diesem Satz einfällt.

13. a) Nenne andere Möglichkeiten, auf politische Konfliktfragen in einem demokratischen Staat Einfluss zu nehmen.

    b) Diskutiert, inwiefern die im Text dargestellte Art „mit dem Staat zu streiten" richtig ist.

2

Zurückblicken

Aufgaben Ⓐ

1. Vervollständige die Sätze:

   - Am meisten hat mich in diesem Kapitel interessiert ...
   - Der wichtigste Gedanke bei diesem Thema war für mich ...
   - Ich möchte gerne noch wissen ...

2. Erkläre, welche Fehler sich in folgenden Argumenten verstecken:

   Es ist falsch, aus Not zu stehlen, weil dann alle stehlen würden.
   Ich möchte gerne teure Kleidung tragen, weil sich das so gehört.
   Ich brauche mehr Taschengeld, um glücklich zu sein.

3. Lies dir die Streitanlässe auf S. 87, 98 und 90 nochmal durch.
   a) Erläutere, was hier mit dem Streiten geklärt wird.
   b) Nenne Punkte, die wichtig sind, damit das Streitgespräch zu einer guten
   Klärung führen kann.

Weiterdenken

*Acht Jahre nach dem Beginn der Proteste gegen Stuttgart 21 steht in einer
Zeitung:*

Stuttgart-21-Gegner wie Ulrike Pott und Nina Picasso protestieren seit acht Jahren unermüdlich gegen den Bahnhofsneubau. Was treibt sie an? Ein Besuch an der Mahnwache und bei der Montagsdemo.

4. a) Verfasse einen kurzen Brief an Ulrike Pott und Nina Picasso, in dem du
   deine Position zu folgender Frage erläuterst: Sollten sie weiter protestieren und so dem Staat zeigen, dass aus ihrer Sicht etwas nicht richtig
   läuft?
   Ja, das ist wichtig, weil ...
   Nein, sie sollten besser aufhören, weil ...
   b) Diskutiert eure Argumente in der Klasse.
5. Welche aktuellen Anlässe für Bürgerproteste kennt ihr und wie äußern sich
   diese Konflikte? Erzählt von Beispielen und bewertet sie.

*die Mahnwache: (regelmä-
ßiges) Zusammentreffen von
Personen an einem öffent-
lichen Ort, um damit ein
Zeichen zu setzen und gegen
etwas zu protestieren, indem
schweigend über längere Zeit
zusammengestanden wird*

3 Erwachsen werden

Als erwachsen darf gelten,
wer auf sich selber nicht
mehr hereinfällt.

Heimito von Doderer

Jung sein ist die Hölle – und der Himmel, habe ich gelesen.
Stimmt irgendwie. Und was ist dann Erwachsensein? Manchmal freue ich mich auf das Erwachsensein, manchmal ist mir unwohl: An welchen Klippen muss ich vorbei, welchen Abgründen aus dem Weg gehen, welche Grenzen ziehen?
Ob ich das alles hinbekommen werde?

3 1 Wissen rund ums Erwachsenwerden

A **Aufgaben**

➲ *Begriffsbestimmung S. 139*

1. Erläutere, was du unter dem Begriff „erwachsen" verstehst.
2. a) Stelle ein Cluster mit Begriffen (Adjektive, Substantive, Verben) zusammen, die deiner Meinung nach zum Erwachsensein gehören.
   b) Sammle Begriffe, die auf keinen Fall zum Begriff „erwachsen" passen. Begründe deine Meinung.

Lorenz (32): Ich bin in meinem Beruf erfolgreich, aber auf meinem Bett sitzt immer noch eine Reihe von Kuscheltieren. Wenn ich auf Geschäftsreise gehe,
5 dann nehme ich meistens eines mit.

Hugo (21): Ich bin manchmal so extrem. Ich übertreibe es in jeglicher Hinsicht: Wochenlang lebe ich ohne Alkohol und dann kann ich nicht an mich halten und ein Abend mit meiner Freundin führt zum völligen Alkoholab-
10 sturz.

Fikrete (15): Ich habe beschlossen, mir nicht mehr alles gefallen zu lassen. Ich lasse mich nicht länger in einen Rahmen pressen, es ist schließlich mein Leben. Neulich war ich einfach zwei Wochen nicht in der Schule. Das gab
15 mächtig Ärger mit meinen Eltern, aber es fühlte sich richtig an.

Lea (19): Ich habe irgendwie gelernt, mich anzupassen. Vor der Ausbildung und in der Azubizeit war ich fast jeden Abend mit Freunden weg. Äußeres war mir überhaupt nicht wichtig. Jetzt habe ich zu arbeiten begonnen und stehe im Beruf meine Frau. Ich muss früh schlafen gehen, sonst halte ich das gar nicht durch. Und dass ich mich ordentlich kleide, wenn ich Kundenkontakt habe, das versteht sich von selbst.

3. Diskutiert, ob das Verhalten der genannten Personen aus eurer Sicht „erwachsen" ist oder eher nicht.

In diesem Kapitel geht es um folgende Fragen rund ums Erwachsenwerden:
* *Was bedeutet es, erwachsen zu sein?*
* *Welche Veränderungen passieren mit mir und meinem Körper auf dem Weg zum Erwachsensein?*
* *Welche Rechte und Pflichten habe ich als Jugendliche und Jugendlicher, welche als Erwachsene und Erwachsener?*

In 1000 Tagen werde ich volljährig – was erwachsen werden bedeutet

Lea ist fünfzehn und hat viele Träume: Sie will schreiben. Sie will rennen. Sie will so wunderschön sein wie ihre beste Freundin Pola. In ihren Träumen ist Lea eine Heldin, im richtigen Leben klappt es dagegen manchmal nicht: Gerade hat sich Lenny, Leas erster Freund, von ihr getrennt; ihre Mutter versinkt in eigenen Problemen. Aber da gibt es ja noch Pola und die Clique – und einen tollen neuen Jungen an der Schule, der sich für Lea interessiert. Lea findet heraus, dass sie eigentlich auch eine Heldin ist, jeden Tag ein bisschen.

Heldentage
Von Sabine Raml

Ich sollte unbedingt mehr schreiben. Einfach, weil ich es liebe. Wenn ich schreibe, bekomme ich viel Luft. So viel Luft, dass ich denke, da hat mich jemand heimlich an ein Sauerstoffgerät angeschlossen, und ich habe es nicht gemerkt. Weil ich ja generell nichts merke beim Schreiben. Ich mer-
5 ke nicht, ob Mutter nebenan durch ihre Flaschenfreundwüste latscht und endgültig verdurstet, die Motten über meine Klamotten herfallen oder mein Magen den Geist aufgibt. Ich merke nichts, und ich denke an nichts. Denke nicht mal an Lenny. Vergesse, dass ich das mit dem Küssen nicht hinbekomme. […] In tausend Jahren wird das nichts, never ever. Ich mei-
10 ne, es macht ja nicht einfach irgendwann irgendwo in meinem Kopf peng, und ich bin normal. Aber wenn ich schreibe, gibt es null Probleme. Beim Schreiben bin ich irgendwo anders. Vielleicht bin ich ein Schreibbuddha. Do what you love and do it often.

„Dann", sagt Pola, „wirst du bestimmt die größte Heldin von allen." […]
15 Am Abend trinke ich die Restmilch in einem Zug leer, bringe Mutter ihr letztes Bier für heute, lege mich ins Bett und denke kurz daran, dass es keine Katastrophe wäre, am Morgen nicht wieder aufzuwachen. Das denke ich abends oft, und weil ich es so oft denke, nehme ich es kaum ernst. Ich denke auch jeden Morgen wieder, wie geil, dass ich aufwache, dass ein
20 neuer Tag vor mir liegt, und: wie abgefahren die Nacht war. Ich weiß nicht, ob das normal ist, dass alles, was mir am Tag fehlt, in der Nacht in Hülle und Fülle da ist. Schuhe, Essen, Klamotten, Luft, Vater, Lenny. Verrückt, aber in meinen Träumen trage ich sündhaft teure Designerschuhe, esse in Rekordzeit den halben Bioladen inklusive Backstube leer, spiele vor Pub-
25 likum Saxofon und habe danach noch genug Luft, um Lenny stundenlang zu küssen. […]
Ich schaue auf den Wecker, kurz vor fünf. In zwei Stunden stehe ich auf und in drei Stunden fängt die verdammte Schule an. In 790 Tagen werde ich volljährig. Keine Ahnung, ob andere Menschenköpfe auch so voll sind

Sabine Raml, geboren 1973 in Essen, wuchs größtenteils auf einem Campingplatz auf. Die Kinder- und Jugendbuchautorin lebt heute in Rendsburg bei Eckernförde und in Warnemünde. 2013 wurde ihr Roman „Heldentage – Do what you love!" mit dem Kinder- und Jugendbuchpreis der Stadt Oldenburg ausgezeichnet.

3

30 wie meiner. Mein Kopf fühlt sich an, als würde er bald platzen, aber wenn er tatsächlich platzt, bekommt er vielleicht mal wieder etwas mehr Luft. [...] Ab einem gewissen Punkt führen meine Gedanken ihr eigenes Leben (sie sind längst erwachsen).

 **Aufgaben**

1. a) Charakterisiere die Ich-Erzählerin Lea anhand des Textauszugs aus dem Roman „Heldentage" von Sabine Raml.
   b) Erläutere, welche Themen Lea beschäftigen und welche Gefühle sie hat.
2. Diskutiert über Leas Wahlspruch: „Do what you love and do it often." (Z. 13).
3. Begründe, warum viele von Leas Gedanken „längst erwachsen" (Z. 33) sind, obwohl sie erst in 790 Tagen volljährig sein wird.
4. Gestalte eine Mindmap zum Thema „erwachsen werden". Hebe dabei die Punkte grafisch hervor, die dir besonders wichtig erscheinen.
   BEISPIEL

⮕ *Mindmap S. 143*

Tipp

Verwende hierzu auch die Begriffe aus der Infobox.

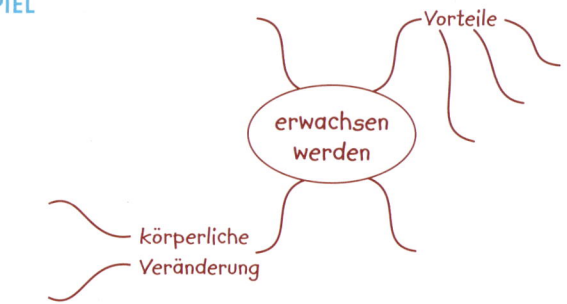

ℹ INFOBOX

Als **Erwachsenen** bezeichnet man einen Menschen, der die Phase des **Jugendalters** hinter sich hat.

Das Jugendalter wird unterschiedlich definiert. Einerseits kann man diese Phase durch die inneren und äußeren Entwicklungen definieren. Die Lebensphase ist geprägt von körperlichen und geistigen Entwicklungsprozessen: **Körperlich** entwickelt sich in der Teilphase **Pubertät** die Geschlechtsreife, ferner kommt es darüber hinaus zu einer grundlegenden Neuorganisation des Gehirns. **Geistig** entwickelt man im Jugendalter eine gewisse Unabhängigkeit von den Eltern, man lernt unter anderem, sich selbst zu akzeptieren und Verantwortung für sich und andere zu übernehmen. Nach dieser Definition versteht man unter dem **Jugendalter** meist den Zeitraum zwischen 16 und 24 Jahren.

Andererseits kann man **rechtliche Aspekte** zur Definition des Erwachsenenseins heranziehen: Erwachsen ist man, wenn mit Erreichen der Volljährigkeit mit 18 bestimmte gesetzliche Rechte und Pflichten erworben werden, etwa das Wahlrecht oder die Möglichkeit, den Führerschein zu machen.

Nimmt man das **Jugendstrafrecht** als Maßstab, dann wird das Jugendalter zwischen dem 14. und dem 21. Lebensjahr angesetzt.

3

Alles neu hier – körperliche Veränderungen und Sexualität in der Pubertät

Während der Pubertät gibt es viele körperliche Veränderungen. Einige Veränderungen bemerkst du, weil sie sichtbar werden; andere laufen unsichtbar im Inneren deines Körpers ab. Dazu gehört auch ein wachsendes Interesse an Sexualität. Dabei ist die körperliche Entwicklung bei Jugendlichen individuell sehr unterschiedlich. Gerade in einer Phase großer körperlicher Veränderungen kommt es darauf an, dass wir mit uns selbst und mit anderen verantwortungsvoll umgehen.

Die dreizehnjährige Lisa aus der Klasse 7d hat zum Thema körperliche Entwicklung und Sexualität folgende Gedankenlandkarte gezeichnet.

 *Gedankenkarte S. 141*

Aufgaben A

1. Überlege, welche symbolische bzw. übertragene Bedeutung die Elemente Brücke, Fluss, weit entferntes Gebirge, Herberge und Blumenwiese haben.
2. Versuche zu interpretieren, wie Lisa die Begriffe angeordnet und warum sie manchen bestimmte Landschaftsformationen zugewiesen hat.
3. a) In Lisas Karte fehlen folgende Begriffe: *den Partner berühren, verliebt sein, knutschen, Pickel …* Ordne diese und weitere Begriffe deiner Wahl bestimmten Orten, Dingen oder Landschaften zu.
   b) Begründe deine Wahl.
4. a) Erläutere, wie Lisa die Rolle ihrer Eltern während der Zeit ihrer Entwicklung sieht.
   b) Diskutiert, ob ihr mit dieser Darstellung einverstanden wärt.

3

No risk, no fun!?

Martin und seine Freunde, alle 14 Jahre alt, sehen an einem Nachmittag im Winter eine Show im Fernsehen; anschließend holen sie spontan aus einem Supermarkt einen Einkaufswagen, schieben ihn zu einem Park und lassen sich darin abwechselnd einen schneebedeckten Hügel hinunterrollen, bis der Wagen umkippt und sie auf den eisigen Boden stürzen – Martin kommt mit heftigen Kopfschmerzen nach Hause ...

Joelle ist eine gute Schülerin und hat ein gutes Verhältnis zu ihren Eltern. Bislang hat sie Drogen und Alkohol geflissentlich gemieden. Doch ab und zu überkommt sie das Bedürfnis, etwas Verrücktes zu machen. In einem solchen Moment hat sie sich schon einmal älter geschminkt und ist im Supermarkt mit einer Flasche Wodka zur Kasse marschiert ...

Ruben hält sich manchmal aus einer Laune heraus auf Inlinern an einem Lkw fest, um einfach schneller voranzukommen ...

Die 14-jährige **Lisa** sollte als Mutprobe nachts um 23.30 Uhr in einem gefährlichen Stadtteil allein spazieren gehen; sie dachte überhaupt nicht daran, dass etwas Schlimmes passieren könnte ...

1. Beschreibe das Verhalten der Jugendlichen in diesen Beispielen und beurteile es.
2. Stelle Vermutungen darüber an, warum die Jugendlichen sich so verhalten.
3. Diskutiert über eigene Erfahrungen: Kennt ihr ähnliche Verhaltensweisen – von euch selbst oder von Freunden?

Großbaustelle Gehirn
von Markus C. Schulte von Drach

Eltern von Pubertierenden können ein Lied davon singen: Jugendliche schenken Vorschriften und sogar Gesetzen keinerlei Beachtung, häufig nur um völlig sinnlose und bisweilen gefährliche Dinge zu tun. Auch zeigen sie eine auffällige Neigung, mit Alkohol und anderen Drogen zu experimen-
5 tieren. Gerade bei Jungen fällt eine erhöhte Risikobereitschaft auf, die zum Beispiel dazu führt, dass sie im Straßenverkehr besonders gefährdet sind. Außerdem stürzen Kinder in der Pubertät Erwachsene ständig in Verwirrung, wenn sie zum Beispiel aus nichtigem Anlass völlig impulsiv reagieren oder in tiefe Melancholie verfallen, die am nächsten Tag einer hysterischen
10 Begeisterung für schräge Idole weicht. […]
Vielleicht fällt es leichter, damit umzugehen, wenn man sich Folgendes klar macht: Die Entwicklung des Gehirns erinnert während der Pubertät an eine Großbaustelle. Einzelne Teile müssen erst ihre richtige Form entwickeln, bevor sie sich in das Bauwerk einfügen. Und das geschieht nicht im
15 gleichmäßigen Tempo: Die einzelnen Bauabschnitte werden unterschiedlich schnell mit der Umgestaltung fertig.
Die Geschlechtshormone lösen etwa ab dem zehnten bis zwölften Lebensjahr die körperliche Entwicklung zur geschlechtlichen Reife aus. Alle unsere Verhaltensweisen, die über Reflexe hinausgehen, hängen aber mit der
20 Hirnstruktur zusammen, also mit der Organisation verschiedener Regionen des Gehirns, und den Prozessen, die darin ablaufen. […] Es ist kein Wunder, dass sich im Laufe dieses Umbauprozesses auch das Auftreten der Jugendlichen ändert – manchmal auch für sie selbst unvorhersehbar, und von einem Moment zum anderen.

4. a) Fasse die typischen Verhaltensweisen von pubertierenden Jugendlichen, wie sie im Text beschrieben werden, zusammen.
   b) Erläutere, wie deren Verhalten im Text erklärt wird.
5. Beurteile folgendes Zitat einer Jugendlichen: „Ich kann ja nichts für mein komisches Verhalten, mein Gehirn wird gerade umgebaut!"

---

impulsiv: von plötzlichen Einfällen abhängig, lebhaft, rasch

die Melancholie: Schwermut, Traurigkeit

hysterisch, die Hysterie: nervöse Aufgeregtheit, Überspanntheit

das Idol: a) eine verehrte Person, ein Publikumsliebling b) eine heidnische Götterfigur, ein Götzenbild

Übrigens

Wissenschaftler stellten fest, dass Teenagergehirne größer sind als die von Erwachsenen und mehr Synapsen (Verknüpfungen der Nervenzellen) haben. Die Natur geht gleichsam auf Nummer sicher und stellt viele Synapsen zur Verfügung, von denen dann später die stärksten Verknüpfungen übrig bleiben. Eine solche „Exuberanz" (überschwängliche Produktion von Nervenverbindungen) hat im Wesentlichen drei Konsequenzen: Teenager sind extrem risikobereit, offen für starke Empfindungen und orientieren sich vorwiegend an Gleichaltrigen.

3

Rechte und Pflichten im Jugendalter

Nicht erst mit 18 Jahren darf man alleine entscheiden. Auf dem Weg zur Volljährigkeit räumt das Gesetz Jugendlichen manchen Freiraum ein. In der folgenden Diskussion werden sechs Fälle von jugendlichem Handeln angesprochen, in denen Jugendliche mit Vorschriften und Gesetzen in Berührung kommen bzw. kommen könnten.

Hannah, Peter und Moshe sitzen bei Moshe zu Hause und diskutieren. Hannah ist 15 Jahre alt, Peter und Moshe sind gerade 16 Jahre alt geworden.

Hannah: Und dann verlangt meine Mutter auch noch, dass ich die Spülmaschine ausräume und den Müll wegbringe. Darf die das überhaupt?

5 **Peter:** Keine Ahnung. Das ist aber nichts gegen meinen Vater. Der will, dass ich um 23 Uhr zu Hause bin, wenn ich mit Freunden in die Diskothek gehe, dabei hat mir eine Freundin gesagt, ich könne bis Mitternacht wegbleiben.

Hannah: Sei doch froh. Ich wurde neulich an der Kinokasse weggeschickt, weil der Film, den ich mit meinen Freundinnen sehen wollte, bis 22.05

10 Uhr lief. Und das, obwohl am nächsten Tag gar keine Schule war.

Moshe: Regt euch doch nicht so auf. Mich ärgert, dass mir die nette Bedienung in unserem Café neulich keine Wodka-Cola bringen wollte, dabei bin ich doch schon sechzehn.

Hannah: Ich wollte mir vor ein paar Wochen ein Moped kaufen und hatte

15 extra Geld gespart und dann hat der Verkäufer im Laden gemeint, er bräuchte die Einwilligung meiner Eltern. Das darf der nicht, oder?

Peter: Und ich wollte mir den Namen meiner Freundin auf den Arm tätowieren lassen, aber der Typ im Tattoo-Laden hat gleich abgelehnt, als er mich nur gesehen hat. Ich dachte, ab 16 Jahren darf man sich tätowieren lassen?!

 **A** **Aufgaben**

1. Beschreibe die Beispiele mit eigenen Worten, indem du jedem Fall ein Stichwort zuordnest.

   BEISPIEL *Die Mutter verlangt von Hannah, dass sie den Müll wegbringt und die Spülmaschine ausräumt. → Stichwort Mithilfe im Haushalt.*

2. a) Diskutiert, ob die im jeweiligen Fall getroffene Entscheidung aus eurer Sicht richtig ist, und begründet eure Meinung.

   b) Etliche Fälle haben mit dem sogenannten Jugendschutzgesetz zu tun. Erläutere, warum der Staat Jugendliche besonders schützen muss und vor wem oder warum sie zu schützen sind.

3. Der Staat gesteht den Menschen ab einem gewissen Alter mehr Rechte und Freiheiten zu. Stelle an einem konkreten Beispiel dar, inwiefern mehr Freiheit auch eine größere Verantwortung nach sich zieht.

4. Recherchiere, welche Rechte und Pflichten für Jugendliche im Laufe des Erwachsenwerdens hinzukommen und welche ein Erwachsener im Vergleich zu einem Jugendlichen hat.

3

5. Arbeite durch Hinzuziehen der Infobox heraus, wie die Rechtslage im jeweiligen Fall ist.

 **INFOBOX**

Erwachsenwerden aus rechtlicher Sicht

Kinder, Jugendliche, Heranwachsende

Im Sinne des Gesetzes sind Kinder Personen, die noch nicht 14 Jahre alt sind. Jugendlicher ist, wer 14, aber noch nicht 18 Jahre alt ist, und Heranwachsender ist, wer 18, aber noch nicht 21 Jahre alt ist.

Geschäftsfähigkeit, Strafmündigkeit

Ein Kind, das das siebte Lebensjahr vollendet hat, ist beschränkt geschäftsfähig. Das heißt, es braucht zum Beispiel zum Abschluss eines Vertrages die Einwilligung des gesetzlichen Vertreters. Dies gilt im Prinzip auch für jeden Kaufvertrag. Eine Ausnahme regelt der sogenannte Taschengeldparagraf (§ 110 BGB). Hierin wird festgestellt, dass ein Kind ab dem vollendeten siebten Lebensjahr wirksame Kaufverträge mit begrenzten Geldmitteln abschließen kann. Unbeschränkte Geschäftsfähigkeit wird in der Regel mit der Volljährigkeit (18 Jahre) erreicht.

Strafmündigkeit ist ein Begriff des Strafrechts. Er bezeichnet die Fähigkeit, strafrechtlich verantwortlich zu sein. Die Strafmündigkeit beginnt mit 14 Jahren. Jugendliche von 14 bis 18 Jahren sind strafrechtlich verantwortlich, wenn sie zur Zeit der Tat nach ihrer sittlichen und geistigen Entwicklung reif genug sind, das Unrecht der Tat einzusehen und nach dieser Einsicht zu handeln.

Was darf ich? Und ab wann? – Kleines ABC des Rechts

Abends ausgehen: Ab 14 Jahren dürfen Jugendliche bis 22 Uhr alleine ausgehen, beispielsweise ins Kino. Ab 16 Jahren dürfen Jugendliche bis 24 Uhr alleine Diskotheken besuchen (§ 5 JuSchG), allerdings gibt das Gesetz Eltern nur den Rahmen vor, sie können also durchaus verlangen, dass ein Siebzehnjähriger um 23 Uhr zu Hause ist.

Alkohol: Jugendliche unter 16 Jahren dürfen in der Öffentlichkeit keinen Alkohol trinken oder kaufen, zwischen 16 und 18 Jahren dürfen sie Alkohol wie beispielsweise Wein, Sekt oder Bier kaufen (§ 9 JuSChG). Hochprozentiger Alkohol und Mischgetränke, in denen Spirituosen enthalten sind, dürfen erst ab 18 Jahren konsumiert werden.

3

Autofahren: Den Pkw-Führerschein kann man in Deutschland im Alter von 17 Jahren ablegen, allerdings gilt die Fahrerlaubnis dann bis zum 18. Lebensjahr nur für begleitetes Fahren.

Mithilfe im Haushalt: Eltern können von ihren Kindern verlangen, im Haushalt mitzuhelfen (§ 1619 BGB).

Rauchen: Rauchen ist erst ab 18 Jahren erlaubt (§ 10 JuSchG).

Tätowierung: Jugendliche dürfen sich nur mit Einwilligung der Eltern tätowieren lassen.

Wählen: In einigen Bundesländern können Jugendliche ab dem 16. Lebensjahr bei Kommunalwahlen wählen, auf Bundesebene und in Bayern beginnt die Wahlberechtigung mit der Volljährigkeit.

die Karikatur: Zeichnung, in der zu einem aktuellen gesellschaftlich-politischen Problem eine zugespitzte Aussage gemacht wird

6. a) Beschreibe die Karikatur und fasse ihre Aussage zusammen.
   b) Erläutere, inwiefern das Mittel der Übertreibung eingesetzt wird.
   c) Beurteile: Teilst du die Aussage des Karikaturisten oder bist du anderer Meinung?
7. a) Beschreibe, welche erweiterten Pflichten Jugendliche (im Gegensatz zu Kindern) im Haushalt, in der Gesellschaft und in der Schule haben und lege ein Cluster dazu an.

➲ *Cluster S. 140*

   b) Entwerft einen Katalog von Pflichten, die man von Jugendlichen nicht bzw. noch nicht einfordern kann.

„Ist dort Amnesty International? Man mutet mir hier allen Ernstes die Entleerung des Mülleimers zu!"

Amnesty International (von engl. amnesty = Begnadigung, Straferlass) ist eine Organisation, die sich weltweit für Menschenrechte einsetzt.

Zurückblicken

3

1. **a)** Lies dir das Kapitel noch einmal durch und erstelle zu folgenden Begriffen Karteikarten, auf denen vorne der Begriff und hinten eine mögliche Definition steht: *erwachsen – Jugendalter – Pubertät – Kind – geschäftsfähig – Strafmündigkeit.*
   b) Vergleicht die jeweiligen Begriffsdefinitionen untereinander.
2. Analysiere den Comic mithilfe des Begriffs „erwachsen".

Weiterdenken

Vom Erwachsensein zurücktreten?

anonym, aus dem Internet

Hiermit erkläre ich öffentlich meinen Rücktritt vom Erwachsenensein. Ich habe beschlossen, die Bedürfnisse einer Sechsjährigen zu leben. Ich möchte kleine Stöckchen über eine frische Lehmpfütze segeln lassen und kleine Wellen mit Steinchen machen. Ich möchte denken, dass Smarties besser sind als Geld, weil man sie essen kann. Ich möchte zu einer Zeit zurückkehren, als das Leben einfach war. Als alles, was ich kannte, Farben, Rechentafeln und einfache Schlaflieder waren, was mich aber nicht gestört hat, weil ich nicht wusste, was ich nicht wusste, und darüber auch nicht besorgt war.

3. Erläutere in eigenen Worten, was die Verfasserin am Erwachsensein stört und was sie an der Lebensform einer Sechsjährigen fasziniert.
4. Beschreibe mögliche Verhaltensweisen von Leuten, die vom Erwachsensein zurücktreten wollen, und beurteile eine solche Haltung.
5. Verfasse einen Brief an die Autorin, in dem du eine andere Haltung zum Erwachsensein skizzierst und versuchst, sie davon zu überzeugen.

3

2 Ich – inmitten der anderen

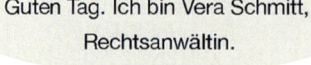

> Guten Tag. Ich bin Vera Schmitt, Rechtsanwältin.

> Schön Sie kennenzulernen. Ich bin Erik Schubert, Yogalehrer.

Kleider machen LEUTE

Übrigens

In der Novelle „Kleider machen Leute" von Gottfried Keller aus dem Jahr 1874 geht es um den Schneiderlehrling Wenzel Strapinski, der aufgrund seiner Kleidung versehentlich für einen Grafen gehalten wird. Sich zunächst in seiner Rolle unwohl fühlend, findet er bald Gefallen an seinem neuen Leben und nutzt diese Situation so lange aus, bis die Täuschung auffliegt.

A **Aufgaben**

1. Beschreibe die abgebildeten Personen.
2. a) Bewerte die Aussage „Kleider machen Leute". Beziehe dich dabei auch auf die Kleidung der Personen im Bild.
   b) Berichte deinen Mitschülern von eigenen Erfahrungen bezüglich dieser Behauptung.
3. Diskutiert, wie wichtig für euch eure Kleidung und die anderer Menschen ist.

In diesem Kapitel bist du selbst Thema: Wer bin ich und warum bin ich ich? Wie nehme ich mich wahr und wie sehen mich andere? Wie beeinflussen diese Wahrnehmungen mein Ich?
Die Beschäftigung mit sich selbst ist wichtig, um sich in der Gesellschaft zurechtzufinden. Gleichzeitig spielt man in der Gesellschaft eine bestimmte Rolle. Manche Rollen sucht man sich aus, andere werden einem auferlegt. Und aus diesem Grund geraten diese Rollen auch manchmal in Konflikt miteinander. Aber diese Rollen prägen deine Persönlichkeit und machen dich zu dem Menschen, der du letztlich bist. Es gilt, sich ständig in diesen Rollen zurechtzufinden. Diese Aufgabe begleitet dich dein Leben lang.

3

Selbst- und Fremdwahrnehmung

Das bin ich! – Was meinst du dazu?

Auf die Frage „Wer bist du?" weiß man in der
Regel schnell eine Antwort. Man nennt seinen
Namen, vielleicht noch eine Zugehörigkeit
wie „die Schwester von ..." oder „der Sohn von ...".

5 Aber dann ist für viele die Frage
schon beantwortet. So einfach ist das
aber eigentlich nicht. Zu dir selbst gehört
noch viel mehr als nur dein Name und
dein Stammbaum.

10 Deine Persönlichkeit, deine sozialen
Kontakte, deine Herkunft, deine
eigene Geschichte, deine Wünsche und Träume
und noch vieles mehr machen dich zu dem
besonderen, individuellen Menschen, der du bist.

1. Entwirf einen großen Spiegel auf Papier und schreibe alles in den Spiegel
   hinein, was dich ausmacht oder zu dir als Person gehört. Dazu zählen
   Eigenschaften, Träume, Wünsche, soziale Kontakte, Aufgaben und Aussehen. Du kannst auch aufnehmen, was du gerne besser können oder an dir
   verändern wollen würdest.

2. Gestalte einen Steckbrief für deine Banknachbarin bzw. deinen Banknach-
   barn, in welchem du sie oder ihn mithilfe der unten stehenden Kategorien
   beschreibst:
   * Das mag ich besonders an dir.
   * Das kannst du sehr gut.
   * Das mache ich besonders gern mit dir.
   * Darum beneide ich dich.
   * Dieser Beruf passt zu dir.
   * So sehe ich dich in 15 Jahren.

3. Vergleiche nun deinen Spiegel mit dem Steckbrief, den deine Banknachbarin oder dein Banknachbar zu deiner Person angefertigt hat.
   a) Bist du einverstanden mit den Inhalten des Steckbriefs? Dann ergänze
      Inhalte aus dem Steckbrief auf deinem Spiegel.
   b) Sind manche Inhalte des Steckbriefs für dich nicht nachvollziehbar?
      Dann tausche dich mit deiner Banknachbarin oder deinem Banknach-
      barn über die Unterschiede aus. Halte dabei die Gesprächsregeln ein
      und bleibe fair.
   c) Frage deinen Partner oder deine Partnerin zu Eigenheiten, die du als
      deine Schwächen ansehen würdest: Sieht sie oder er dich auch so?
      Bewertet er oder sie die Eigenschaft als Schwäche?

Aufgaben Ⓐ

der soziale Kontakt: Unter
sozialen Kontakten versteht
man alle freundschaftlichen,
familiären oder nachbar-
schaftlichen Beziehungen,
die im alltäglichen Leben
eine Rolle spielen, uns beeinflussen und für uns wichtig
sind.

Tipp

*Gestalte den Steckbrief
deiner Banknachbarin oder
deines Banknachbarn stets
wertschätzend und an-
erkennend.*

 Feedbackregeln S. 141

3

Selbstporträt
von Frederike Frei

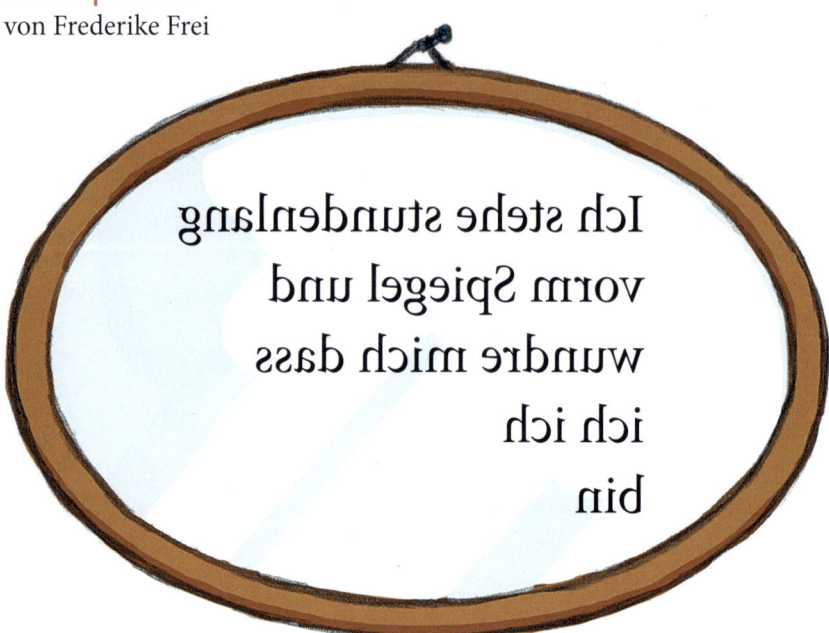

Ich stehe stundenlang
vorm Spiegel und
wundre mich dass
ich ich
bin

A Aufgaben

⮕ *Standbild S. 111*

4. Entziffert den Text mithilfe eines Spiegels. Äußert frei eure ersten Eindrücke.
5. Stellt das Geschehen des Textes pantomimisch in einem Standbild dar.
6. Schreibe das Ende des Gedichts um, indem du ab Zeile 3 dass … andere Aspekte nennst.

D DENKRAUM

Eine Zeitung über mich selbst

Gestalte eine Zeitung über dich selbst.
Mithilfe folgender Beiträge wird deine Zeitung zu einer runden Sache:

- Nachrichten: Sie sind kurz gefasst und können biografische Daten zusammenfassen oder über bestimmte Lebensphasen informieren.
- Kommentare: Normalerweise werden in Zeitungskommentaren Politiker und Entscheidungen gelobt oder getadelt. Verfasse einen Kommentar, der eine deiner Entscheidungen lobt und einen, der eine andere Entscheidung tadelt.
- Bilder: Fotos von dir selbst kannst du durch Bilder aus Zeitschriften ergänzen.
- Leserbriefe: Frage in deinem Freundeskreis und deiner Familie nach, wer gerne einen Brief über und für dich schreiben möchte.

TIPP

Vertiefend kann deine Zeitung auch dazu genutzt werden, dein Ich in einen zeithistorischen Kontext zu stellen.
BEISPIEL Was passierte am Tag deiner Geburt in der Welt?

M METHODEN

Standbild mit Alter Ego

Wenn wir im Unterricht über Probleme, Erlebnisse oder Erfahrungen reden, die wir mit einem Thema oder einer sozialen Situation verbinden, so benutzen wir normalerweise Wörter und Begriffe. Eine Methode, die Sichtweise eines Problems oder eines Themas anders als durch Worte darzustellen, ist das Standbild.

Ein Standbild ist eine mit Körpern von Personen gestaltete Darstellung eines Problems, eines Themas oder einer sozialen Situation. Vor allem können Beziehungen von Personen zueinander sowie Haltungen, Einstellungen und Gefühle verbildlicht werden – und das alles ohne Worte.

Folgende Körperhaltungen können dir dabei helfen, Gefühle darzustellen. Versuche, anhand der Zeichnung zu erkennen, in welcher Gefühlslage sich die jeweilige Person befindet. Diese Posen zu bestimmten Gefühlen können dir in deinem eigenen Standbild eine Orientierung geben. Versuche dabei, mit nur einer Geste möglichst viel auszudrücken.

Die einzelnen Schritte

1 Ein **Regisseur** (oder: Bildhauer, Baumeister) bildet und modelliert Schritt für Schritt aus den Körpern von einem oder mehreren Mitschülern ein Standbild. Damit bringt der Erbauer zum Ausdruck, wie er das angesprochene Problem oder Thema sieht und interpretiert.

2 Die **Spieler**, die geformt werden, nehmen wie bewegliche Puppen die Haltungen einschließlich der Mimik und Gestik ein, die ihnen gegeben werden.

3 Die **Autoren** schreiben für je einen Spieler die dazugehörigen Gedanken und Gefühle auf.
Dabei sollen sie jedem Spieler in nur wenigen Sätzen im Sinne einer Sprechblase die Worte in den Mund legen, die seiner Pose und der dargestellten Situation entsprechen und diese verdeutlichen.
Achte darauf, nicht zu viel zu verraten. „Ich bin traurig." kann auch durch das Standbild dargestellt werden, indem der Spieler eine traurige Haltung einnimmt. Aber z.B. „Ich weiß nicht, warum ich ich bin." kann in einem Standbild, in dem eine fragende Pose eingenommen wird, die Situation und die Thematik näher beschreiben.

4 Bei der **Präsentation** des Standbildes stellen sich die **Autoren als Alter Ego** (anderes Ich) je hinter ihren Spieler und lesen die Gedanken und Gefühle vor.
Die Mitschüler nehmen das Standbild – ohne Worte – sinnlich wahr und können anschließend die Situation diskutieren und verändern bzw. neu gestalten.

3

Soziale Rollen spielen – zwischen Selbstverantwortung und Anpassung an andere

Der Kleiderschrank
Von Karl Kalemba

Seit ich denken kann, steht in meinem Zimmer ein riesiger Kleiderschank. Anfangs, als ich noch nicht so viele Kleider besaß, wunderte ich mich noch über seine unnötige Größe, doch mittlerweile bin ich
5 froh, dass er so lange Stangen hat und so viel hineinpasst. Im Laufe der Jahre sind nämlich einige Klamotten zusammengekommen, und es fällt mir ehrlich gesagt schwer, mich von teuer erstandenen Kleidern zu trennen. Außerdem brauche ich sie ja alle.
10 Heute Morgen zum Bespiel habe ich einen wichtigen geschäftlichen Termin, da benötige ich unbedingt das Kostüm aus Höflichkeit, geheucheltem Interesse und Selbstsicherheit. Mittags dann, wenn ich mich mit meiner besten Freundin im Restaurant treffe, will ich mich unbedingt umziehen: Der Koffer für das Outfit aus ehrlichem Interesse und
15 Offenheit ist bereits gepackt. Nachmittags schlüpfe ich dann kurz wieder in das Kostüm vom Morgen, bevor ich am frühen Abend ein Entlassungsgespräch zu führen habe: Da ist dann die Kombination aus Unnachgiebigkeit, Überzeugungskraft und Härte gefragt. Gern würde ich dazu noch den Hut Menschlichkeit tragen, doch ich weiß nicht, ob er bis dahin aus der
20 Reinigung kommt.
Oft muss ich die Kleider im Minutentakt wechseln, und das ist ziemlich anstrengend. Manchmal würde ich am liebsten nackt durch die Gegend laufen. Doch das geht ja nicht.

 **A Aufgaben**

*die Collage (französisch
coller = kleben): ein Kunstwerk, das durch das Aufkleben verschiedener, oft unterschiedlicher Elemente entstanden ist*

Tipp

Bilder für deine Collage findest du in Zeitschriften, Werbebroschüren oder im Internet. Du kannst die ausgeschnittenen Bilder auch durch eigene Zeichnungen ergänzen.

1. Beschreibe aus der Perspektive der Person im Text, welche Kleidung sie für ein Wochenende benötigt, das sie mit einigen Freunden und Bekannten in einer fremden Stadt verbringt.

2. Das „Ich" in der Geschichte von Karl Kalemba behauptet, dass es am liebsten „nackt durch die Gegend laufen" (Z. 22 f.) würde.
   a) Erläutere, was damit eigentlich gemeint ist, indem du das sprachliche Bild „Kleider" bzw. „nackt sein" auflöst.
   b) Begründe, warum man im übertragenen Wortsinn nicht „nackt" sein kann.

3. a) Gestalte eine Collage zu deinem eigenen Schrank, indem du sowohl die Kleidung bildlich wiedergibst als auch den sprachlichen übertragenen Wortsinn dieser Kleidung dazuschreibst.
   b) Diskutiert darüber, ob ein prall gefüllter Kleiderschrank erstrebenswert ist.

3

Kleider machen Leute, aber das Herz macht den Menschen!

Diskutiert diese Aussage. Bezieht euch dabei auch auf die Ergebnisse der Diskussion aus Aufgabe 3 auf Seite 108.

DENKRAUM **D**

Soziale Rollen spielen

Soziologen (Wissenschaftler, die sich mit der Gesellschaft beschäftigen) sprechen davon, dass jeder Mensch unterschiedliche soziale Rollen einnimmt – je nachdem, in welcher Situation er sich
5 befindet, mit welchen anderen Menschen er zu tun hat und welche Absichten er verfolgt. Erving Goffman (1922–1982), ein bekannter amerikanischer Soziologe, formulierte diese Erkenntnis in dem prägnanten Satz: „Wir alle spielen Theater."
Der Schülerduden definiert den Begriff „soziale Rolle" wie folgt:
10 „Die Summe von Erwartungen an das soziale Verhalten eines Menschen, der eine bestimmte soziale Position innehat. Ein gesellschaftlich bereitgestelltes Verhaltensmuster, das erlernt und von einer Person in einer bestimmten Situation gewählt und ausgeführt werden kann bzw. werden muss."
Wenn du also in der Schule sitzt, nimmst du eine soziale Rolle ein, nämlich
15 die des Schülers. Gleichzeitig bist du aber auch das Kind deiner Eltern, auch hier nimmst du eine bestimmte soziale Rolle ein. Jeder Mensch hat viele verschiedene soziale Rollen, je nachdem, was er macht und in welchem Umfeld er sich bewegt.

> Die ganze Welt ist Bühne,
> Und alle Frau'n und Männer bloße Spieler.
> Sie treten auf und gehen wieder ab,
> Sein Leben lang spielt einer manche Rollen,
> Durch sieben Akte hin.
>
> William Shakespeare: Wie es euch gefällt, 1699

William Shakespeare (1564–1616) ist der bis heute berühmteste englische Theaterdichter. Aus seiner Feder stammt etwa die weltbekannte Liebestragödie *Romeo und Julia*.

4. Definiere den Begriff der sozialen Rolle mit eigenen Worten.
5. **a)** Beziehe die Definition der „sozialen Rolle" auf den Textauszug von Shakespeare.
    b) Gestalte ein Cluster, in dem du alle deine Bühnen festhältst, auf denen du Rollen spielst.
6. Beschreibe Verhaltensweisen, die in einer bestimmten Rolle gefordert sind, in anderen Rollen aber nicht erlaubt sind.
7. Gehe Goffmans These „Wir alle spielen Theater" auf den Grund: Inwiefern ist das Erfüllen von Rollen immer auch ein Theaterspielen? Belege deine Argumentation durch Beispiele aus deinem Alltag.
8. Diskutiere mit deiner Banknachbarin bzw. deinem Banknachbarn, welche sozialen Rollen du als angenehm und welche als unangenehm empfindest und warum.
9. Beurteilt, ob und wann man seine sozialen Rollen ablegen und einfach man selbst sein kann.

Tipp

Verwende zur Beantwortung von Aufgabe 5 folgendes Schema:

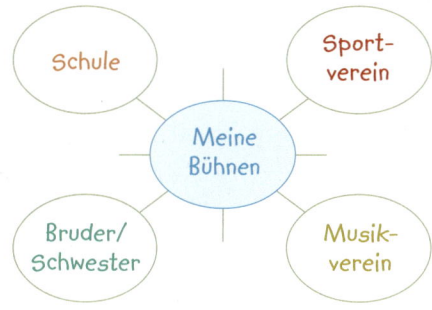

➲ *Cluster S. 140*

3

Die Stimme des MAN
von Susanne Fromm

Das MAN besitzt eine ganz leise Stimme, die sich überall Gehör verschafft. Alle hören sie, vielleicht gerade weil sie so fein und leise ist, sodass sie viel mehr als eine raue, kräftige Stimme dazu zwingt, gehört zu werden.

5 Ist die Stimme des MAN gehört worden, so macht sich das, was sie zu sagen hat, überall breit: in den Köpfen, im Tun und in dem, was alle dann reden.

Das ist auch ganz praktisch, denn so können sich alle, was immer sie in den Köpfen haben, machen und reden, dann auf das MAN berufen und finden, dass es ja schließlich die Stimme des MAN gewesen ist, die es in 10 die Köpfe gebracht, veranlasst und vordiktiert hat. Und weil das alle so handhaben, ist das MAN eigentlich ganz dunkel oder keiner, jedenfalls niemand Bestimmtes. Eigenartig ist, dass, obwohl es eigentlich niemand ist, das MAN sehr mächtig ist. Das kann man an den folgenden Beispielen schon erkennen:

15 • Man muss die Dinge positiv sehen!
• Nicht so sehr auffallen!
• Alles hat zwei Seiten.
• Was sollen denn die Leute denken?!
• Man darf nicht immer alles so schwer nehmen.
20 • Große Leute, große Sorgen; kleine Leute, kleine Sorgen.
• Der Mensch ist eben ein Gewohnheitstier.
• Gut Ding will Weile haben!
• Bloß nicht viel erwarten!

Mit solchen Sätzen webt sich das MAN durch alle hindurch und ist immer 25 mit dabei. Wie ein Gast, den niemand eingeladen hat, den aber alle kennen.

10. Arbeite aus dem Text die Eigenschaften des MAN heraus.
11. Interpretiere den letzten Satz des Textes.
12. Schau dir deine Definition des Begriffes „soziale Rolle" an (Aufgabe 4, S. 113) und erkläre dann, inwiefern das MAN mit unseren verschiedenen Rollen zusammenhängt.
13. Erläutere, welche Sätze des MAN dir besonders bekannt vorkommen. Sind auch Sätze darunter, die dir auf die Nerven gehen?

➲ *szenisches Spiel S. 147*   14. Nutze die Gedanken, die in dem Text anklingen, als Vorlage für ein szenisches Spiel, in dem Alltagssituationen von der „leisen Stimme des MAN" bestimmt werden.

Der Moderne Knigge (1916)

> Man legt die Serviette auf den Schoß, befestigt sie keinesfalls mit dem Zipfel am Kragen!
> Man liest nicht die Zeitung bei Tisch!
> Man isst nicht in Hemdsärmeln!
> Man wäscht sich die Hände vor Tisch!
> Man stützt nie die Ellbogen auf!
> Man nimmt selbstverständlich das Messer in die rechte, die Gabel in die linke Hand!
>
> Curt von Weißenfeld: Der Moderne Knigge, 1916

Freiherr Adolph Franz Friedrich Ludwig Knigge (1752–1796) war ein deutscher Schriftsteller und Aufklärer. Bekannt wurde er vor allem durch seine Schrift „Über den Umgang mit Menschen". Sein Name steht heute stellvertretend für Benimmratgeber.

15. Diskutiert, welchen in der MAN-Form formulierten Aussagen ihr zustimmt und welche ihr ablehnt. Begründet eure Position.

16. Arbeite positive und negative Eigenschaften des MAN heraus.

17. a) Findet euch in Gruppen zusammen und formuliert Verhaltensregeln, die für eure Klasse gelten sollten in Wir-Form.

➡ *Feedback geben S. 141*

  b) Diskutiert eure Vorschläge und führt die Gruppenarbeiten auf einem Plakat zusammen.

➡ *Plakat gestalten S. 144*

A   MAN in anderen Ländern

Wart ihr oder eure Geschwister schon einmal in einem Land, in dem es ganz andere gesellschaftliche Anforderungen gibt? Berichtet euren Mitschülerinnen und Mitschülern von euren Eindrücken und Erfahrungen. Erläutert, welche Anforderungen und Erwartungen ihr für gut und welche ihr für weniger gut befunden habt.

DENKRAUM Ⓓ

> Es ist nicht genug, zu wissen, man muss auch anwenden.
> Es ist nicht genug, zu wollen, man muss auch tun!
>
> Johann Wolfgang von Goethe

B   Plakat gestalten

Ergänzt gemeinsam die Sätze des MAN (S. 114) durch weitere Beispiele. Gestaltet ein Plakat dazu. Ihr könnt dabei sowohl Aussagen wie in dem Beispiel von Goethe als auch wie die Sätze aus dem „Modernen Knigge" in MAN-Form (vgl. Aufg. 15) formulieren.

➡ *Plakat gestalten S. 144*

3

Rollenkonflikte

> **1** Mathilda ist Verkäuferin bei einem großen Modehaus. Der Chef erwartet von ihr, dass sie für eine kranke Kollegin einspringt und nachmittags arbeitet. Ihre Kinder möchten, dass sie zu Hause ist und sich um sie kümmert.

> **2** Büsras Klasse organisiert einen Kuchenverkauf, um die Klassenfahrt zu finanzieren. Dieser findet an einem Dienstagnachmittag statt. Ihre Großmutter erwartet, dass Büsra zum Spielenachmittag kommt, der immer dienstags stattfindet.

> **3** Lars hat sich mit einem Freund verabredet, sie wollen einen entspannten Nachmittag verbringen. Seine Mutter möchte, dass er ihr beim Ernten der Äpfel hilft.

> **4** Emre hat gesehen, wie sein Mitschüler einen Bilderrahmen zerstört hat. Der Lehrer will von ihm wissen, wer es war.

 **Aufgaben**

Tipp

Lies dir zuvor die Infobox zu Rollenkonflikten durch.

1. a) Teilt die verschiedenen Fälle in eurer Klasse auf.
   b) Erarbeitet in Gruppen die unterschiedlichen sozialen Rollen, die die Personen im jeweiligen Beispiel innehaben.
   c) Arbeitet anschließend die Rollenkonflikte der beteiligten Personen heraus.
2. Überlegt euch gemeinsam einen Rollenkonflikt (möglicherweise aus eurem Alltag) und stellt ihn der Klasse vor.

 **INFOBOX**

Rollenkonflikt

Jede Person nimmt verschiedene **soziale Rollen** gleichzeitig ein. Jede Rolle bringt verschiedene Erwartungen mit sich. Verhalten wir uns wie erwartet, können wir mit positiven Folgen rechnen. Tun wir dies jedoch nicht, werden wir mit negativen Konsequenzen konfrontiert. Besonders schwierig wird es, wenn wir einen Konflikt zwischen den verschiedenen Erwartungen an unterschiedliche Rollen haben, da jeder Mensch gleichzeitig mehrere Rollen einnimmt.

Wenn zwischen den verschiedenen Rollen einer Person Konflikte auftreten, spricht man von einem **Rollenkonflikt (Inter-Rollenkonflikt)**. Gleichzeitig können aber auch innerhalb einer Rolle Konflikte entstehen, wenn die Erwartungen der Außenstehenden sich innerhalb der Rolle nicht vereinbaren lassen **(Intra-Rollenkonflikt)**.

Wenn die Gruppe Druck macht

Der Schritt zurück
von Annette Rauert

Er stand ganz am Rand. Unter ihm die gleißende Wasseroberfläche. Wie geschmolzenes Blei sah es aus. In seinen Schläfen hämmerte es. Er hatte Angst, nackte Angst. Hinter sich hörte er die Stimme seines Trainers: „Spring!" Das Pochen nahm zu, gleich musste es seinen Kopf sprengen.
5 Zwischen ihm und der Wassermasse gab es nur dieses kleine schwankende Brett, zehn Meter hoch.

Leute starrten nach oben. Sie warteten. Ihre Gesichter waren feindlich. Trotzdem fühlte er sich ihnen verpflichtet. Er musste springen, damit sie ihre Sensation bekamen. Er fühlte, dass er es nicht schaffen würde. Er war
10 noch nicht soweit. Aber er musste beweisen, dass er ein Mann war. Lieber tot sein, als sich vor diesen Gesichtern zu blamieren. Nur noch ein paar Sekunden atmen, dachte er, mehr verlange ich gar nicht. Er blickte nach unten. Warum lächelte niemand? Lauter gespannte weiße Ovale mit harten Augen. Sie wissen, dass ich es nicht kann. Es wurde ihm schlagartig klar. Sie wissen,
15 dass etwas passieren wird. Warum rief ihn niemand zurück?

Er forschte in seinem Gewissen. Wenn er sprang, war irgendetwas damit erreicht? Tat er damit etwas Falsches? Etwas Richtiges? Er wusste, was er tun sollte, warum
20 sträubte er sich dagegen? Aber war das Springen heldenhaft, hatte es einen Sinn? Ein Schritt nur! Sein Fuß schob sich langsam vor. Dann ging ein Ruck durch seine Gestalt. Er richtete sich auf und drehte
25 sich um. Ganz bewusst. Seine Unsicherheit war von ihm gewichen, der Druck, der auf ihm lastete, verschwand. Langsam kletterte er die Leiter hinab und schritt durch die starre Gruppe.
30 Zum ersten Mal in seinem Leben trug er den Kopf hoch. Er begegnete den Blicken der anderen mit kühler Gelassenheit. Keiner sprach ein Wort oder lachte gar. Er fühlte sich so stark, als hätte er gerade
35 die wichtigste Prüfung in seinem Leben bestanden. Er spürte so etwas wie Achtung vor sich selbst. Eines Tages würde er auch springen, das wusste er plötzlich.

Annette Rauert ist eine zeitgenössische Autorin. Ihre bekannteste Kurzgeschichte ist „Der Schritt zurück".

3

 A Aufgaben

↪ *Situation S. 137*

↪ *Standbild mit Alter Ego S. 111*

1. Beschreibe, in welcher Situation sich der Junge befindet.
2. Schildere, was er in diesem Moment alles denkt und fühlt.
3. Erkläre, warum der Junge „Achtung vor sich selbst" (Z. 34 f.) empfindet.
4. **a)** Vergleiche den Text mit ähnlichen Situationen, die du kennst.
   b) Tauscht eure Erfahrungen dazu in der Klasse aus.
5. Gestaltet in Gruppen verschiedene Szenen, in denen Gruppendruck ausge-übt wird, als Standbild mit Alter Ego. Stellt sie anschließend der Klasse vor.

ⓘ INFOBOX

Gruppenzwang

Gruppen haben ihre eigenen Anforderungen und Erwartungen, die man erfüllen muss, um dazuzugehören.

Jede Gruppe, zu der du gehörst, stellt bestimm-te Anforderungen und Erwartungen an dich.

Auch wenn nicht bewusst und willentlich Druck ausgeübt und Einfluss genommen wird, kann das Verhalten einer Mehrheit das Verhalten und Entscheiden eines Einzelnen beeinflussen. Der sogenannte **Gruppenzwang** wirkt meist unbewusst, d. h., die beeinflusste Person und auch die beeinflussende Gruppe sind sich der Wirkung der Mehrheit auf den Einzelnen oft gar nicht bewusst und bemerken dies nicht.

Als Mitglied einer Gruppe hat man oft das Ge-fühl, dass die Gruppe etwas von Einem erwar-tet oder dass ein bestimmtes Verhalten zulässig oder unzulässig ist. Dadurch wird von der Grup-pe Druck auf das eigene Verhalten ausgeübt.

Jede Gruppe hat sozusagen **Spielregeln**. Diese sind in einem gewissen Maße notwendig und selbstverständlich, damit das Zusammenarbei-ten und -leben in der Gruppe überhaupt funk-tioniert.

Problematisch kann es dann werden, wenn eine Person sich der Meinung und den Verhaltens-erwartungen einer Gruppe anpasst, obwohl sie eigentlich anders handeln möchte.

↪ *Peergroup S. 136*

die Sanktion: Eine Sanktion ist eine Reaktion der Umwelt auf ein bestimmtes Verhalten eines Individuums oder einer Gruppe. Diese Reaktion belohnt oder bestraft das Verhalten des jeweiligen Individuums.

6. In jeder Gruppe gibt es unausgesprochene Spielregeln und Erwartungen.
   a) Benenne Beispiele für solche ungeschriebenen, aber dennoch geltenden Regeln.
   b) Nenne Regeln, die in deiner Peergroup gelten.
7. Bestimmte Spielregeln sind in Gruppen notwendig. Nenne Beispiele dafür und begründe deren Notwendigkeit.
8. Erläutere, aus welchen Gründen sich Personen den Erwartungen und Anforderungen einer Gruppe anpassen.
9. Arbeite heraus, mit welchen Sanktionen ein Mensch rechnen muss, der sich nicht an die Spielregeln einer Gruppe hält. Findest du dies gerecht-fertigt?

3

Zurückblicken

1. Schreibe zu den Begriffen *Soziale Rolle, Rollenkonflikt, MAN, Gruppenzwang* eine kurze Geschichte. Achte darauf, dass diese Begriffe entweder darin enthalten sind oder versteckt in der Geschichte behandelt werden.
2. Erstelle zu den oben genannten Begriffen Karteikarten und ergänze damit die Begriffssammlung aus Kapitel 3.1.
3. Du bist Teil deiner Klassengemeinschaft, also Teil dieser Gruppe.
   a) Benenne Regeln, die in eurer Klassengemeinschaft existieren.
   b) Bewerte diese Regeln, indem du Vor- und Nachteile der Regeln in einer Tabelle festhältst.
4. Erstellt eine Collage mit Bildern, die die Themen dieses Kapitels aufgreifen. Ihr könnt dazu auch selbst Bilder malen.

Aufgaben Ⓐ

⮌ *Karteikarten mit Begriffsdefinitionen S. 107, Aufgabe 1*

⮌ *Collage S. 112*

Weiterdenken

Die Tür zum Erwachsenenleben

Deine Kindheit geht nun bald zu Ende und du stehst vor der Tür zum Erwachsenenleben. Schreibe einen Eintrag in ein „Zukunftstagebuch", in dem du von deinem zukünftigen Erwachsenenleben erzählst. Beachte dabei, dass mit deinem Erwachsenenleben viele Rollenwechsel und somit neue Rollenerwartungen verbunden sind.

5. Beschreibe den Moment, in dem du in deine Zukunft als Erwachsener oder Erwachsene blickst. Folgende Fragen können dir dabei helfen, deine Gedanken und Gefühle zu formulieren:
   • Was wird dich hinter der Tür erwarten?
   • Wo wirst du in der Gesellschaft stehen? Was wirst du aus deinem Leben gemacht haben?
   • Welche Personen werden dich umgeben? Wen wirst du vielleicht vermissen?
   • Welche Aufgaben wirst du zu erledigen haben? Welche davon machst du gerne, welche nicht?
   • Gibt es etwas aus deiner Kindheit, das du vermisst?

3 Wie werde ich, was ich bin?

Meiner geistigen Transformation folgte meine körperliche Metamorphose. Zwischen dem fünfzehnten und sechzehnten Lebensjahr wurchs ich um achtzehn Zentimeter. Es war beeindruckend …

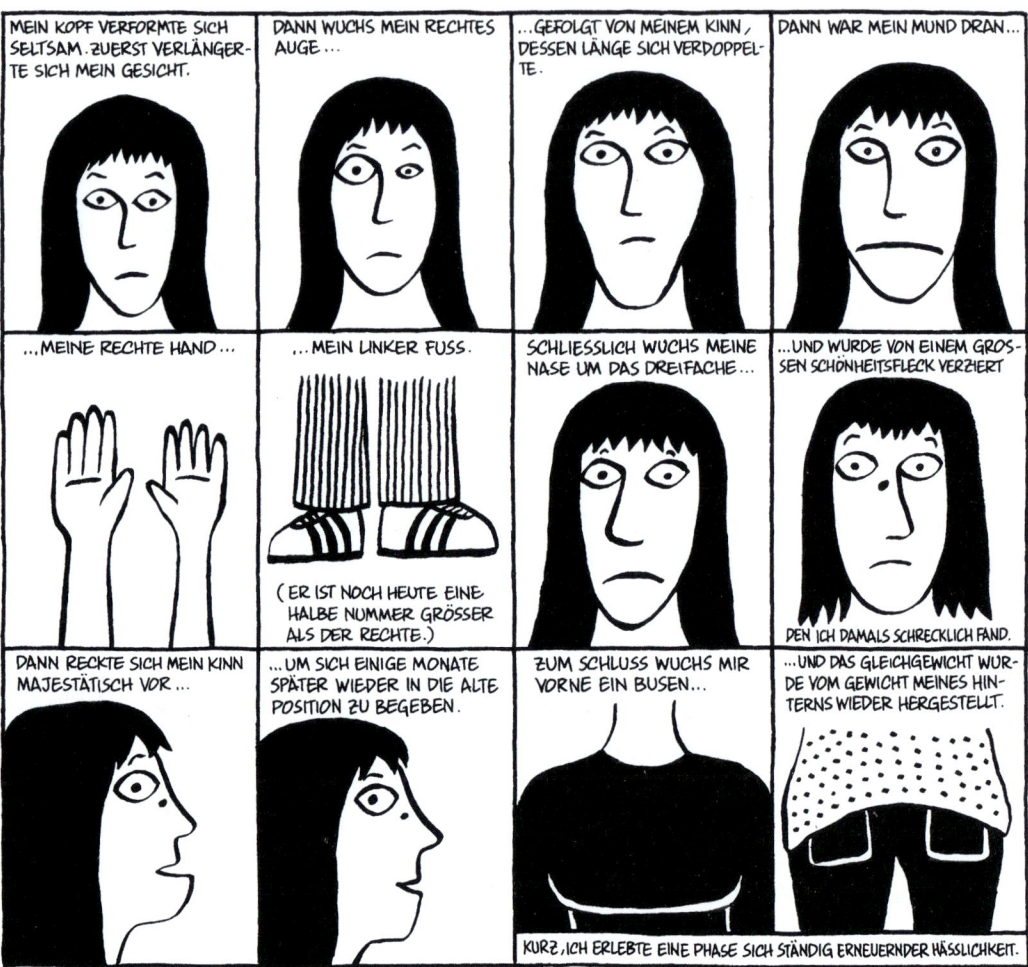

A Aufgaben

1. Stelle Vermutungen an, welche Art von „geistiger Transformation" die Ich-Erzählerin Marjane erfährt.
2. Beschreibe, welche Veränderungen Marjane in der Bilderfolge erfährt.
3. Erläutere anhand des Texts, wie sie sich bei all den Veränderungen fühlt.

- *Wer will ich sein? Wer kann ich sein?*
- *Gibt es Vorbilder, an die ich mich halten kann?*
- *Wie können mir Lebensentwürfe von anderen Menschen helfen?*

Mit diesen Fragen beschäftigen wir uns im folgenden Kapitel.

Lebensentwürfe – zwischen Selbstverantwortung und Anpassung an andere

Du wirst im Laufe deines Lebens mit verschiedenen Lebensentwürfen, mit unterschiedlichen Handlungsmöglichkeiten und mit stark abweichenden Meinungen konfrontiert werden. Eine wichtige Aufgabe ist es, sich für und gegen Handlungen zu entscheiden und somit eine Wahl zu treffen.

In Persepolis *wird die Geschichte von Marjane erzählt, die ihre Kindheit im Iran verbracht hat. Sie muss in der Schule die proislamische Propaganda über sich ergehen lassen und eckt mit ihrem Wunsch nach Jeans und westlicher Musik sowie ihrer Abneigung gegen das Kopftuch an. Sie erlebt Verhaftungen und Demütigungen in der Familie. Ihre Eltern schicken sie mit 14 Jahren nach Österreich. Die Ich-Erzählerin erlebt tief greifende Veränderungen.*

In folgendem Ausschnitt berichtet die Ich-Erzählerin Marjane genau über eine solche Situation, in der sie sich entscheiden muss.

Persepolis ist eine französische Graphic Novel von **Marjane Satrapi** (geboren 1969 im Iran), einer heute in Paris lebenden Autorin. In dem Werk beschreibt sie ihre Kindheit im Iran, ihre spätere Zeit im Ausland und die Rückkehr in ihr Heimatland. Benannt ist es nach der altpersischen Residenzstadt Persepolis.

3

ICH TAT, ALS RAUCHTE ICH MIT, ABER ICH INHALIERTE DEN RAUCH NICHT.

UND SOBALD MEINE FREUNDE WEGSAHEN, RIEB ICH MIR DIE AUGEN, DAMIT SIE ROT WURDEN.

DANN SIMULIERTE ICH LACHANFÄLLE.

ICH WAR GANZ GLAUBWÜRDIG.

JE MEHR ICH MICH UM INTEGRATION BEMÜHTE, DESTO MEHR HATTE ICH DEN EINDRUCK, MICH VON MEINER KULTUR ZU ENTFERNEN, MEINE ELTERN UND MEINE HERKUNFT ZU VERRATEN, MICH IN EIN SPIEL HINEIN-ZIEHEN ZU LASSEN, DAS NICHT DAS MEINE WAR.

A Aufgaben

1. **a)** Analysiere, warum die Ich-Erzählerin im ersten Teil von „Integration"
spricht. Was könnte unter „meine Kultur" verstanden werden?
   b) Stelle dar, in welcher Situation sich Marjane befindet.
   c) Erläutere, durch welche Handlungen sie ihrer Meinung nach ihre Herkunft „verrät".
2. Beschreibe die Entscheidungssituation von Marjane genau: Wofür oder
wogegen entscheidet sie sich? Und warum entscheidet sie sich so?
3. Erläutere, warum Marjane nicht einfach den Joint ablehnt.

3

4. Spielt die Szene nach:

   a) im Original (wie sie im Comic dargestellt wird)

   b) mit einem anderen Schluss (bei dem Marjane eine andere Entscheidung trifft).

   c) Vergleicht gemeinsam die verschiedenen Lösungsmöglichkeiten und diskutiert darüber, welche ihr für die beste haltet.

5. Interpretiere den Zusammenhang zwischen Zeichnung und Text im letzten Bild auf S. 122.

➲ szenisches Spiel S. 147

Tipp

Berücksichtigt bei eurem Spiel auch die unterschiedlichen Reaktionen der Gruppe.

JEDES TELEFONAT MIT MEINEN ELTERN ERINNERTE MICH AN MEINE FEIGHEIT UND MEINEN VERRAT. ICH WAR GLEICHZEITIG GLÜCKLICH, IHRE STIMMEN ZU HÖREN, UND BESCHÄMT, MIT IHNEN ZU SPRECHEN.

– ABER JA, MIR GEHT ES GUT. ICH HABE GUTE ZENSUREN.

– FREUNDE? NA KLAR, VIELE!

– PAPA...

– PAPA, ICH LIEBE EUCH!

– HAST DU NETTE FREUNDE?

– DAS WUNDERT MICH NICHT, DU KONNTEST SCHON IMMER GUT MIT MENSCHEN UMGEHEN.

– ISS ORANGEN, SIE HABEN VIEL VITAMIN C.

– WIR AUCH, WIR LIEBEN DICH AUCH. DU BIST DAS TRAUMKIND ALLER ELTERN!

WENN SIE NUR WÜSSTEN ... WENN SIE WÜSSTEN, DASS IHRE TOCHTER WIE EIN PUNK HERUMLIEF UND JOINTS RAUCHTE, UM EINDRUCK ZU SCHINDEN, UND MÄNNER IN UNTERHOSEN SAH, WÄHREND SIE TAGTÄGLICH BOMBARDIERT WURDEN, HÄTTEN SIE MICH NICHT MEHR IHR TRAUMKIND GENANNT.

---

6. Die Identität einer Person ist niemals eindimensional, sondern hat immer mehrere Facetten und Seiten. Erkläre diesen Sachverhalt anhand des Bildes auf dieser Seite.

7. Diskutiert, warum Marjane ihren Eltern nicht einfach die Wahrheit sagt.

Übrigens

In Marjanes Jugendzeit (80er Jahre) führten der Iran und der Irak einen Krieg gegeneinander, bei dem auf beiden Seiten hunderttausende Menschen starben.

3

Sich orientieren und eine gute Wahl treffen

In der Kindheit tendieren wir eher dazu, uns an anderen zu orientieren, ohne dies zu hinterfragen. Erwachsenwerden heißt nicht, alles ganz anders zu machen als andere, aber von einer Erwachsenen oder einem Erwachsenen würde man erwarten, dass sie oder er ihre oder seine Entscheidungen verantwortet und sie auch begründen kann.

A Deine beste Freundin hat beim Skateboardfahren einen Kratzer in das Auto eurer Nachbarn gemacht und du hast das mitbekommen. Die Nachbarin hat sich wütend bei deiner Mutter beschwert und diese stellt dich nun zur Rede: „Weißt du, wer das war?"

B Philipp kommt zu spät zum Unterricht, weil er noch mit seinen Freunden gesprochen hat. Als er die Klasse zu spät betritt, fragt ihn seine Lehrerin: „Warum kommst du zu spät?"

C Deine Freundin und du, ihr habt ausgemacht, dass ihr auf der Wintersportwoche gemeinsam in ein Zimmer geht. Deine Freundin ist Anfängerin, du kannst schon ganz gut Ski fahren. Auf der Hinfahrt im Bus lernst du eure neue Mitschülerin kennen, die sehr gut Ski fahren kann. Du findest sie nett, außerdem seid ihr in derselben Skigruppe. Sie sagt: „Hey, wir sind ja beide in der Fortgeschrittenengruppe. Wollen wir uns nicht auch ein Zimmer teilen?"

A Aufgaben

1. Überlege, wie du dich in den dargestellten Situationen verhalten hättest, und begründe dein Verhalten.
2. Erläutere, welche Gefühle die Personen in den Situationen A bis C wohl haben.
3. Beschreibe, wie du gesehen werden möchtest, indem du fünf Adjektive aufschreibst, die auf dich zutreffen (sollen), und fünf Adjektive, mit denen du nicht in Verbindung gebracht werden möchtest.
4. **a)** Lies dir die Methodenbox S. 125 durch.
   b) Beschreibe eine konkrete Situation aus deinem Alltag, in der du eine Entscheidung triffst und so eine der gewollten Eigenschaften verkörperst.
5. Erläutere eine Konfliktsituation aus deinem Alltag und formuliere die Interessen der beteiligten Personen.

➲ *Internetrecherche S. 143*

6. Benenne Personen, Gruppen, Organisationen oder Institutionen, bei denen Jugendliche Rat suchen können.
7. Diskutiert, wen ihr in den folgenden Situationen um Rat fragen würdet. Bezieht die Ergebnisse aus Aufgabe 6 in eure Überlegungen mit ein.
   a) Dein Freund hat mit dir Schluss gemacht.
   b) Du merkst, dass eine Freundin raucht und irgendwie in komische Gesellschaft gerät.

c) Einer deiner Lehrer legt manchmal seine Hand auf deine Schulter, das ist dir furchtbar unangenehm.

d) Deine Mutter hat ihren Arbeitsplatz verloren und ist manchmal ungerecht und aufbrausend.

e) Du hast dich verliebt. Er oder sie wohnt in der Nachbarschaft und du weißt nicht, welcher Schritt jetzt der richtige ist.

f) Es gibt immer häufiger Streit mit deinem Vater, weil er dich wie ein kleines Kind behandelt.

 METHODEN

Eine gute Wahl treffen – sich selbst wahrnehmen

Entscheidungen zu treffen und sich zu orientieren ist nicht immer einfach, aber man kann sich weiterentwickeln und das eigene Verhalten trainieren und verändern.
Die folgenden fünf Schritte können dir bei schwierigen Entscheidungen helfen. Du musst natürlich nicht alle bei jeder Entscheidung anwenden.

1 Gefühle ernst nehmen und benennen
Manchmal haben wir Gefühle, die uns nicht gefallen, wie zum Beispiel Scham oder Ärger. Versuche, deine Gefühle zu erkennen und vielleicht auch zu benennen.

2 Sich darüber klar werden, was für eine Person man sein will
Wir entscheiden uns bisweilen für oder gegen eine Handlung, weil es einfacher oder bequemer ist. Versuche, von der konkreten Situation abzusehen, und stelle dir die Frage: „Was für ein Mensch möchte ich sein?" Vielleicht führen deine Überlegungen dann zu einer anderen Entscheidung.

3 Interessen erkennen
Um dich herum haben Leute Interessen, sie wollen etwas von dir oder manchmal wollen sie auch ihre eigenen Ziele mit deiner Hilfe erreichen. Nicht alle diese Interessen sind schlecht oder verwerflich. Versuche, dir über deine Interessen und die anderer klar zu werden.

4 Die Situation spiegeln
Sehr oft hilft es uns, wenn wir in einer Situation einfach die Rollen tauschen. Dann stellen wir uns die Frage: „Wie würde ich handeln, wenn ich die andere Person wäre?" Probiere es einmal aus.

5 Sich bei Entscheidungen Hilfe suchen
Das ist vielleicht der wichtigste Tipp: Du bist nicht alleine. Es ist überhaupt nicht schlimm, unsicher zu sein oder manchmal die Orientierung zu verlieren. Wichtig ist aber, dass man weiß, wo man sich Hilfe und Rat suchen kann.

3

individuell: Individuell bedeutet hier, dass die Lebensentwürfe und Lebenswege eines jeden Einzelnen durch seine persönliche Eigenart geprägt werden. Jeder Mensch ist anders und deswegen ist auch jeder Lebensweg verschieden.

Tipp

In einem Lebensweg-Baumdiagramm können verschiedene Symbole benutzt werden.
1. *Überlegt euch, wie ihr folgende Dinge grafisch darstellen könntet:*
   a) *Entscheidungen, die man aktiv trifft*
   b) *eher zufällige Ereignisse oder Begegnungen*
2. *Sabine hat bei einigen Entscheidungspunkten Pfeile eingezeichnet. Sie sagt dazu: „Die Pfeile bedeuten, dass andere Menschen mich bei dieser Entscheidung stark beeinflussen wollten."*
   a) *Überlegt, wer Sabine jeweils beeinflussen wollte und warum bei den Entscheidungen mit Pfeilen besonders viel Druck ausgeübt wurde.*
   b) *Diskutiert, wie man als Jugendlicher trotz mannigfaltiger Beeinflussungen gute Entscheidungen treffen kann.*

Über Lebenswege nachdenken

Lebensentwürfe und Lebenswege sind etwas sehr Individuelles. Manche Menschen haben gar keine Wahl, sondern werden durch äußere Umstände stark beeinflusst. Andere haben die Qual der Wahl und können Entscheidungen treffen, die ihr weiteres Leben beeinflussen.
Sabine M. ist 23 Jahre alt und studiert Medizin. Sie hat versucht, wichtige Entscheidungen in ihrem Leben in einer Art Baumdiagramm zusammenzufassen:

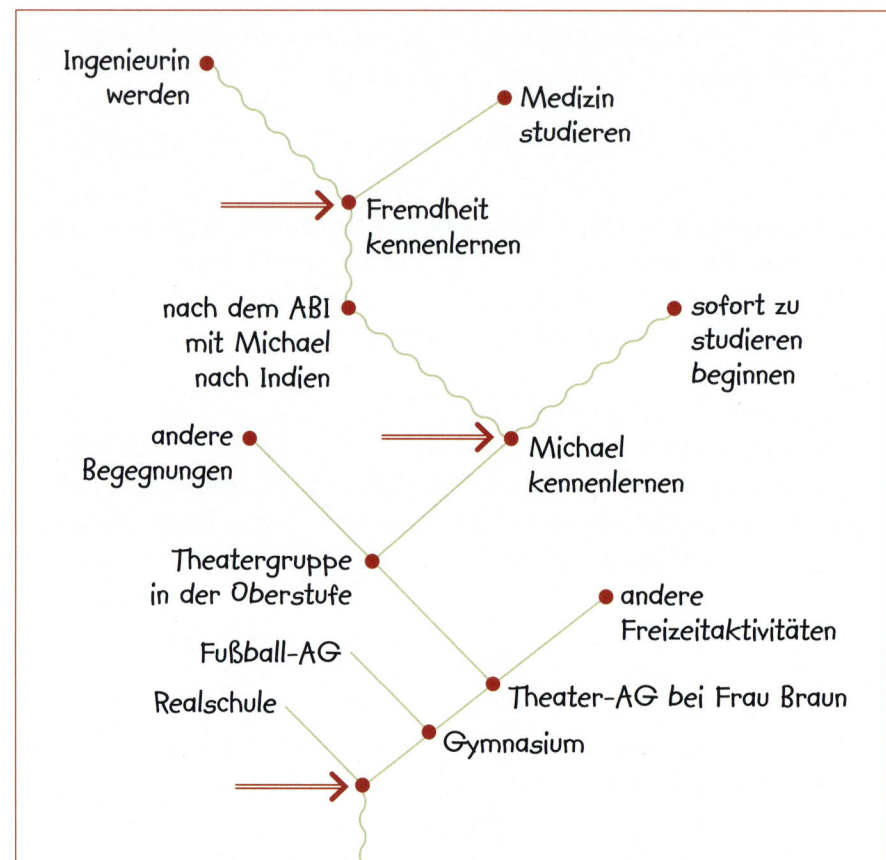

A Aufgaben

1. Überlege, welche der Abzweigungspunkte wirkliche Entscheidungen von Sabine sind und welche Punkte eher zufällige Ereignisse oder Begegnungen darstellen, und begründe deine Meinung.
2. Sabine sagt: „Nur im Nachhinein erscheinen die Entscheidungen klar und folgerichtig. Im Moment des Entscheidens ist man unendlich vielen Einflüssen ausgesetzt." Erläutere dieses Zitat.
3. Führe ein Gespräch mit deinen Eltern oder Großeltern und zeichne ein ähnliches Baumdiagramm für ein Familienmitglied.
4. a) Erzählt von einer wichtigen Entscheidung, die ihr getroffen habt oder die für euch getroffen wurde.
   b) Diskutiert die daraus resultierenden Konsequenzen.

Vorbilder finden – eine Kartei von Lebens-entwürfen anlegen

*Wenn Leute zu Jugendlichen sagen: „Du hast ja noch das ganze Leben vor dir!",
dann weisen sie dabei auf eine Verheißung und ein Geschenk hin, aber auch auf
die Herausforderung für jeden Einzelnen, sein Leben verantwortungsvoll zu gestalten. Die Lebensentwürfe anderer Menschen können uns bei unseren eigenen
Entscheidungen und bei der Herausbildung unserer Identität helfen. Immer wieder begegnen wir interessanten Menschen, die für uns in irgendeiner Form ein
Vorbild sein können. Indem wir sehen, wie andere leben, werden wir uns darüber
klar, wie wir leben wollen, aber wir sehen auch Dinge, die wir für unser eigenes
Leben ablehnen.*

*die Verheißung: Verheißung
wird hier im Sinne von „Vo-
raussage von etwas Gutem"
gebraucht. Mit der Aussage,
dass ein Jugendlicher sein
ganzes Leben vor sich habe,
will man auf die offenen
positiven Möglichkeiten
seines (zukünftigen) Lebens
hinweisen.*

**Legt in eurer Klasse eine Kartei von Lebensentwürfen an. Teilt euch dazu in
Kleingruppen auf und lasst euch von den folgenden Schritten leiten.**

Aufgaben

Schritt 1   Lebensentwürfe analysieren

Beschreibt in eigenen Worten die berufliche Situation der dargestellten Personen. Erläutert hierfür, was in ihrem Leben die entscheiden-
den Weichenstellungen waren:

- wichtige Etappen im Leben
- Menschen oder Situationen, die sie beeinflusst haben
- das war ihnen wichtig

Franz Fischmeier

> Klar, ein ordentliches Gehalt ist wichtig.

Manche würden wahrscheinlich sagen, dass ich es mit der Arbeit etwas
übertreibe, aber ich bin einfach ein Workaholic. Natürlich habe ich offizi-
ell eine 40-Stunden-Woche, aber das haut nie hin. Ich bin Designer und
als kreativer Kopf muss ich mich einfach auf Kundenwünsche einstellen.
5   Das heißt natürlich auch Arbeit am Wochenende. Ich brauche einfach die
Sicherheit eines festen Arbeitsplatzes und vor allem brauche ich ein fes-
tes Gehalt. Deshalb gefällt mir die Arbeit in einer großen Kölner Marke-
ting- und Eventagentur auch so gut. Bei uns in der Familie bekam man
vermittelt, dass man es nur durch harte Arbeit zu etwas im Leben bringt.
10   Natürlich habe ich mir mittlerweile auch einen Lebensstil angewöhnt,
der recht kostspielig ist: Mit meiner Partnerin fliege ich gerne mal übers
Wochenende in eine große europäische Metropole. Ich will einfach nicht
jeden Cent dreimal umdrehen müssen.

3

Cordula Krystof

> Besser wenig Geld verdienen und etwas machen,
> was mir wirklich Spaß macht, als im Hamsterrad zu rotieren.

Ich habe nach der Uni gedacht, dass ich erst mal einen festen Job annehmen muss, und bin dann in eine Werbeagentur eingestiegen. Ich habe ganz gut verdient und wir waren so ein junges Unternehmen und haben wie wild gearbeitet, um zu expandieren. Nachtsitzungen, Wochenendarbeit, aber es
5 hat Spaß gemacht und wir waren ein tolles Team. Trotzdem habe ich nach kurzer Zeit das Gefühl gehabt, dass ich irgendwie im Hamsterrad lebe. Ich hatte kaum mehr Zeit für mich und ein großer Teil meiner Zeit war einfach fremdbestimmt. Vor zwei Jahren habe ich dann den großen Schritt gewagt, ich habe gekündigt und mit meinen Ersparnissen eine lange Reise
10 nach Indien gemacht. Da habe ich gemerkt, was mir wirklich guttut. Jetzt arbeite ich als Yogalehrerin und übernehme manchmal noch freiberuflich Aufträge in der Werbebranche. Natürlich kann ich jetzt finanziell keine großen Sprünge machen, aber in mein altes Leben möchte ich auf keinen Fall zurück. Ich liebe meine Freiheit als Selbstständige und mit dem Risiko
15 komme ich auch ganz gut zurecht.

Hridi Shah

> Ich wäre froh, wenn ich überhaupt einen Job hätte.

Wir sind vor vier Jahren als politisch Verfolgte aus Bangladesch nach Deutschland gekommen. Mein Mann hatte in einem politischen Blog Kritik an der Regierung geübt und wir wurden richtig bedroht. Es war am Anfang schwierig, vor allem weil wir die Sprache nicht richtig konnten. Wenn uns nicht ein paar
5 Freiwillige von einer Hilfsorganisation geholfen hätten, dann hätten wir den Start hier nicht geschafft. Ich habe zuerst einige Deutschkurse gemacht, die hat das Bundesamt für Migration und Flüchtlinge finanziert, aber wir sprechen zu Hause Bangla und da verliert sich mein Deutsch immer wieder. Ich bin so dankbar, dass wir jetzt als politisch Verfolgte einen Aufenthaltsstatus
10 haben. Ich habe versucht, als Erzieherin zu arbeiten, aber das war sprachlich einfach noch nicht drin. Außerdem ist die deutsche Arbeitswelt für mich gewöhnungsbedürftig. Im Moment bin ich arbeitslos, aber ich verbessere jetzt noch mein Deutsch und dann hoffe ich, dass ich einen festen Job finde.

Schritt 2   Karteikarten erstellen

Erstellt anhand eurer Analyse der Texte Karteikarten zu diesen Lebensentwürfen.
TIPP Orientiert euch an der Zeichnung.

Name: Eduard Meister
Beruf: Verkäufer

An meinem Beruf gefällt mir, dass ich mit verschiedenen Leuten ins Gespräch komme.

Schritt 3   Weitere Personen interviewen

Überlegt, welche Personen aus dem Bekanntenkreis oder der Familie ihr gerne zu ihren Lebensentwürfen interviewen würdet. Arbeitet gemeinsam einen Fragebogen aus, damit die Dokumentation eurer Lebensentwürfe vergleichbar ist. Im Fragebogen können etwa folgende Kategorien auftauchen:

- Name:
- Beruf:
- An meinem Beruf gefällt mir:
- Wichtige Etappen in meinem Leben:
- Das war mir wichtig (Werte):
- Dinge, Menschen, die mich beeinflusst haben:
- Das würde ich heute anders machen:

- Ich bin zufrieden, weil ...
- Ich bin nicht zufrieden, weil ...
- Mein Tipp für einen Jugendlichen, der sich auf seinem Lebensweg orientiert:
- Wenn ich mein Leben in einem Baumdiagramm zeichnen müsste, dann sähe mein Leben so aus:

TIPP Bereitet euch gut auf das Interview vor und versucht, über den Fragebogen hinaus mit der Person ins Gespräch über ihr Leben zu kommen. Nehmt das Baumdiagramm von S. 126 mit zu dem Interview und fertigt gemeinsam mit eurem Interviewpartner eine zu seinem Leben passende Skizze an.

Schritt 4   Die Interviews dokumentieren und präsentieren

Erstellt aus den Interviews Karteikarten, auf denen auch ein Foto der befragten Person ist. Überlegt, in welcher Form ihr euren Interviewpartner darüber hinaus vor der Klasse vorstellen wollt.
BEISPIELE Plakat, Rollenspiel ...
Kommt ins Gespräch darüber, mit wem ihr euch am ehesten identifizieren könnt.

Schritt 5   Gedankenexperiment: Eigene Zukunft

Stelle dir vor, was du in zehn Jahren in deinem Leben machst, und schreibe auf: In zehn Jahren ...
Formuliere auch, was dir in deiner Situation in zehn Jahren besonders wichtig ist: Besonders wichtig ist mir ...

3

Hast du dich schon einmal „influencen" lassen?

Welche Wirkung können Influencer auf uns haben? Drei junge Menschen erzählen, wie sie von ihnen beeinflusst wurden. Die Namen wurden von der Redaktion geändert.

Karim Öhler (22)

Auf einem Instant Messaging-Dienst folgte ich dem Berliner Blogger Simon. Der setzte sich sehr für die Rechte von Homosexuellen ein und hatte am Internationalen Tag gegen
5 Homophobie eine Aktion eines Eisherstellers unterstützt. Die hatten eine Seite eingerichtet, über die man eine vorformulierte E-Mail an Bundestagsabgeordnete schicken konnte, damit die sich für die Ehe für alle einsetzen.
10 Ich fand, die sollte man endlich einführen, Deutschland war da ja sehr rückständig. Also habe ich auf den Link geklickt, den Simon eingebettet hatte. Vielleicht hat es was genützt.

Pia Rützel (19)

Ich habe mich vor drei Jahren von Isobel dazu verleiten lassen, ihr Bikini-Body-Programm zu kaufen. Eine junge Australierin, die Workout-Übungen entwickelt und inzwischen über
5 sieben Millionen Follower auf Instagram hat. Das Programm konnte man sich als PDF runterladen und es hat ungefähr 80 Dollar gekostet. Ich hab mir das mit zwei Freundinnen geteilt. Wir haben die Übungen dann dreimal die
10 Woche gemacht, immer nach der Schule. Das hat ganz gut funktioniert, weil man nicht viel Equipment braucht. Früher hat Isobel viel aus

ihrem Leben gepostet, das Ganze wirkte sehr familiär. Heute mag ich ihren Account nicht
15 mehr so, denn es geht fast nur noch um Werbung.

Laura Inzenhofer (21)

Im Prinzip finde ich Influencer-Marketing gut, weil es eine persönliche Vermittlung von Produkten ist. Nur weil die Leute bezahlt werden, heißt das ja nicht, dass die Produk-
5 te schlecht sind. Aber wenn ich Avas Beauty Kanal sehe, löst das in mir sofort Ablehnung aus. Allein die Clickbaiting-Titel über ihren Videos: „Ganz krasse News" oder „Große Story". De facto bringt Ava dann aber nur eine
10 neue Sorte ihres Duschschaums oder so raus. Um Content und Information geht's da nicht mehr wirklich. Das finde ich vor allem wegen ihrer Zielgruppe schwierig: Mädchen zwischen 12 und 15, die nicht das Budget haben,
15 sich Duschgel für fünf Euro zu kaufen. Denen das Geld aus der Tasche zu ziehen, finde ich dreist. Die Modebloggerin Ina ist da wesentlich verantwortungsbewusster. Die markiert auch alles, wofür sie bezahlt wird, und sagt es,
20 wenn die Zusammenarbeit mit einem Unternehmen nicht gut lief. Da fühle ich mich ehrlicher informiert.

Ⓐ Aufgaben

Übrigens

Unter Ehe für alle versteht man das Recht auf Eheschließung für gleichgeschlechtliche Paare, das seit Oktober 2017 in Deutschland gilt.

 *das Idol S. 133*

1. Erläutere, welche positiven Aspekte der Influencer genannt werden.
2. Fasse in eigenen Worten die Kritik zusammen, die an den Influencern geübt wird.
3. Beurteile, inwiefern Karim, Pia und Laura von den Influencern tatsächlich beeinflusst wurden.
4. Überlege, welche Persönlichkeiten dich in sozialen Netzwerken beeinflussen.
5. Lege begründet dar, ob Jugendliche einem Idol nacheifern sollten oder nicht.

Zurückblicken

1. **a)** Beschreibe eine Situation, in der du dich in deinem Leben entscheiden musstest.

   b) Nenne die fünf Tipps zu Entscheidungssituationen und erkläre sie mit eigenen Worten.

   c) Wende die Tipps auf die von dir beschriebene Entscheidungssituation an, soweit dies möglich ist.

2. Klebe ein Bild von einer Person, die für dich ein Vorbild ist, in dein Ethikheft. Beschreibe darunter in fünf Sätzen, was dich an dieser Person fasziniert.

3. Stelle der Klasse in einem Kurzvortrag ein Vorbild aus dem Internet vor und lege positive und negative Aspekte seines oder ihres Internetauftritts dar.

Aufgaben Ⓐ

➲ *Internetrecherche S. 143*

Weiterdenken

Hans hatte sieben Jahre bei seinem Herrn gedient, da sprach er zu ihm: „Herr, meine Zeit ist herum, nun wollte ich gerne wieder heim zu meiner Mutter, gebt mir meinen Lohn." Der Herr antwortete:
5 „Du hast mir treu und ehrlich gedient, wie der Dienst war, so soll der Lohn sein", und gab ihm ein Stück Gold, das so groß als Hansens Kopf war. Hans zog sein Tüchlein aus der Tasche, wickelte den Klumpen hinein, setzte ihn auf die Schulter und machte sich
10 auf den Weg nach Haus. Wie er so dahin ging und immer ein Bein vor das andere setzte, kam ihm ein Reiter in die Augen, der frisch und fröhlich auf einem muntern Pferde vorbeitrabte. „Ach", sprach Hans ganz laut, „was ist das Reiten ein schönes Ding! Da
15 sitzt einer wie auf einem Stuhl, stößt sich an keinen Stein, spart die Schuh und kommt fort, er weiß nicht wie." Der Reiter, der das gehört hatte, hielt an und rief: „Ei Hans, warum läufst du auch zu Fuß?" „Ich muss ja wohl, da habe ich einen Klumpen heim zu tragen, es ist zwar Gold,
20 aber ich kann den Kopf dabei nicht gerad halten: auch drückt mirs auf die Schulter." „Weißt du was", sagte der Reiter, „wir wollen tauschen, ich gebe dir mein Pferd, und du gibst mir deinen Klumpen." „Von Herzen gern", sprach Hans, „aber ich sage euch, ihr müsst euch damit schleppen." […]

4. Lies das Märchen *Hans im Glück* zu Ende und erstelle eine Karteikarte mit dem Lebensentwurf von Hans.

5. Interpretiere das Bild und beziehe es auf deine Ergebnisse.

6. Diskutiert, welche Werte Hans vertritt und ob ihr diese Werte teilt.

➲ *Internetrecherche S. 143*
➲ *Karteikarten S. 129*
➲ *Bildverstehen S. 139*

L

Ethik-Lexikon

ALEVITENTUM

(türkisch *Alevî* = Anhänger Alis) Die Aleviten bilden in der Türkei die zweitgrößte Religionsgruppe mit ungefähr 15 Prozent der Bevölkerung. Es ist umstritten, ob das Alevitentum ein Teil der → Schia ist oder eine eigene Form des → Islam oder sogar eine eigenständige Religion. Die Aleviten leben nicht nach den → Normen des → Koran, die die Grundlage der → Sunna sind. Wichtige Werte für die Aleviten sind Nächstenliebe, Bescheidenheit und Geduld.

ARGUMENTIEREN

(lateinisch *argumentum* = Beweismittel) Ein Mensch argumentiert, weil er eine Aussage stützen will, um damit andere Menschen zu überzeugen. Eine vernünftige Argumentation enthält richtige Folgen, ist nicht widersprüchlich, verpflichtet sich zur → Wahrheit und lässt sich überprüfen.

BEZIEHUNGSEBENE

Jede → Kommunikation zwischen Menschen hat eine → Sachebene und eine Beziehungsebene. Auf dieser gefühlsmäßigen Ebene fühlen sich Menschen zumeist unbewusst verbunden oder nicht. Diese Verbindung gründet oft auf gemeinsamen Vorstellungen von Vertrauen, Nähe, Offenheit, Ehrlichkeit und Verlässlichkeit. Nach dem Eisbergmodell beeinflusst die Beziehungsebene die Kommunikation stärker als die Sachebene, wirkt aber oft verborgen.

CHRISTENTUM

(abgeleitet vom altgriechischen Adjektiv *christós* = gesalbt) Das Christentum mit etwa 2,3 Milliarden Gläubigen ist neben → Judentum und → Islam eine der drei monotheistischen Weltreligionen, die sich auf Abraham berufen. Christinnen und Christen glauben an einen dreifaltigen Gott: Vater, Sohn und Heiliger Geist.

CYBERMOBBING

(zusammengesetzt aus Cyber- [von dem englischen Kunstwort *cybernetics* = Wissenschaft von der technischen Steuerung und Regelung von Maschinen, lebenden Organismen und sozialen Organisationen; gebildet aus dem substantivierten griechischen Adjektiv *kybernētikós*] und Mobbing) Cybermobbing ist → Mobbing mithilfe elektronischer bzw. digitaler Kommunikationsmittel über das Internet, in Chatrooms, beim Instant Messaging oder mittels Mobiltelefonen. Dazu gehört der Diebstahl von (virtuellen) → Identitäten, um in fremdem Namen Beleidigungen auszustoßen oder Geschäfte zu tätigen usw. Cybermobbing ist eine der größten Gefahren im Umgang mit Internet und neuen Medien. Im Unterschied zum Mobbing können sich Cybermobber hinter einem Pseudonym verstecken und anonym ihr Opfer schädigen. Dadurch hemmungsloser, wagen sie auszusprechen, was sie niemals in einer → Kommunikation *face to face* sagen oder tun würden. Ein aktiver Cybermobber nimmt die negativen Folgen seines Mobbings nicht wahr und ist weniger einfühlsam. Ein Opfer kann im Netz über lange Zeit mit dem Cybermobbing konfrontiert sein. Mobbende Kommentare bzw. Posts sind im Internet oft nicht leicht zu löschen und für alle anderen Internetnutzer sichtbar.

L

DIALOG (hergeleitet vom altgriechischen Substantiv *diálogos* = Unterredung, Gespräch) Im Dialog führen Menschen Rede und Gegenrede; sie sprechen miteinander. Im Monolog spricht ein Mensch mit sich selbst oder hält eine Rede an ein vorgestelltes Gegenüber.

ETHIK (vom altgriechischen Substantiv *éthos* = gewöhnliches Verhalten) Die Ethik ist ein Teil der Philosophie und beantwortet vor allem folgende Fragen: Was soll ein Mensch in einer ganz bestimmten Situation tun? Wie handelt ein Mensch begründet (mit → Argumenten) gut und richtig? Menschen werden mit philosophischer Ethik bei der Bildung von → Normen unterstützt. Sie verstehen, wie Normen entstehen und wie sie das Verhalten von Menschen gegenüber anderen Menschen bestimmen.

GRUPPENZWANG Eine Gruppe übt Zwang aus, wenn sie eines ihrer Mitglieder dazu bringt, so zu handeln, wie sie es will. Das eigene Verhalten wird an die Gruppe angepasst und widerspricht dann oft den eigenen Vorstellungen und Überzeugungen.

HANDLUNG Ich handle – das heißt: Ich bin bewusst mit einem klaren Ziel vor Augen tätig, indem ich etwas tue oder etwas unterlasse. Die → Ethik stellt bei jeder Handlung insbesondere drei Fragen:
1. Worauf genau ziele ich, falls ich handle? Ist das Ziel moralisch gut und richtig? (→ Moral)
2. Was folgt daraus, dass ich gehandelt habe? Kann mein Ziel auch schlechte und falsche Folgen haben?
3. Steht mein Ziel in einem sinnvollen Zusammenhang mit dem höchsten Ziel – beispielsweise mit der Bewahrung der Menschenwürde?

IDEAL (hergeleitet vom altgriechischen Substantiv *idéa* = Gestalt, Urbild) Ein Ideal ist der Inbegriff für Vollkommenheit. Vollkommen ist ein Zustand, der sich nicht verbessern lässt; ein vollkommener Zustand hat einerseits keine Fehler, ist andererseits vollendet. Im Ideal ist ein möglicher Zustand maximal erreicht.

IDENTITÄT (hergeleitet vom spätlateinischen Substantiv *identitas*; gehört zum lateinischen Pronomen *idem* = derselbe) Die Identität eines Menschen umfasst ausnahmslos alle persönlichen, das heißt, nur zu ihm gehörigen, einzigartigen Merkmale, die ihn wesentlich von anderen Personen unterscheiden. Ändern sich körperliche Merkmale eines Menschen, muss sich nicht dessen Identität ändern. Ein Beispiel: Verliert der Junge Joachim aufgrund eines Unfalls ein Bein oder einen Arm, bleibt der Junge dennoch Joachim. Wir Menschen erkennen die Identität eines Menschen dadurch, dass wir ihn von anderen Menschen unterscheiden. Ein Mensch entwickelt seine Identität dadurch, dass er zu anderen Menschen Beziehungen hat oder eingeht und sich von ihnen abgrenzt.
Beispiel: Ein Kind entwickelt eine eigene Identität erst im Verlauf von vielen Jahren, indem es sich von der Mutter und dem Vater abgrenzt.

IDOL (über lateinisch *idolum* von griechisch *eídolon* = Bild, Abbild) Ein Mensch wird als Idol bezeichnet, wenn ihn andere Menschen stark und lange bewundern und darüber hinaus – wie einen Gott – verehren.

L

INTEGRATION

(abgeleitet vom lateinischen Substantiv *integratio* = Wiederherstellung eines Ganzen) Mit dem Begriff der Integration wird beschrieben, dass eine Gemeinschaft von unterschiedlichen Menschen sich langsam zusammenfügt und dauerhaft zusammenwächst. Die Integration in die Gesellschaft gelingt, wenn die Menschen eine Wertgemeinsamkeit ausbilden, die auf einer gemeinsamen Sprache und allen Menschen zugänglichen Bildungs-, Lebensgestaltungs- und Arbeitsmöglichkeiten fußt. Außerdem ist es wichtig, dass alle Menschen sich in der Gemeinschaft, mit der sie sich identifizieren (→ Identität), sicher fühlen.

ISLAM

(hergeleitet vom arabisch *aslama* = völlige Hingabe an den Willen Gottes) Der Islam mit rund 1,5 Milliarden Gläubigen ist neben → Judentum und → Christentum eine der drei großen → monotheistischen Weltreligionen. Sie wurde im frühen 7. Jahrhundert n. Chr. in Arabien durch Mohammed gestiftet, der ein Vorbild für alle Muslime ist. Ein gläubiger Muslim bekennt so seinen Glauben an Allah: „Ich bezeuge, dass es keine Gottheit außer Gott gibt und dass Mohammed der Gesandte Gottes ist."
Der Islam ist eine → Offenbarungsreligion; seine wichtigster Text ist der → Koran.

ISLAMISMUS

Mit dem wissenschaftlichen Begriff Islamismus wird eine Form des politischen Extremismus bezeichnet, die sich auf den → Islam beruft. Alle Islamisten streben danach, eine auf den Islam gegründete Gesellschafts- und Staatsordnung zu errichten. Manche islamistische Gruppierungen wollen ihre Ziele mit friedlichen Mitteln erreichen, manche üben Gewalt und Terror aus.

JUDENTUM

(zurückgehend auf das hebräische Wort *yehudi* = Bewohner des Reiches Juda) Das Judentum ist die älteste der drei abrahamitischen Weltreligionen mit ungefähr 13,5 Millionen Gläubigen. Der gläubige Jude versteht JHWH (Gott) so: „Ich bin da. Ich werde für euch da sein. Ich bin, der ich bin. Ich bin, der ich werde." Die Juden erwarten die Ankunft des Messias, des Erlösers.

KILLERPHRASE

(umgangssprachliches Kompositum aus dem englischen Substantiv *Killer* = Mörder, Totschläger und *Phrase* = Redeweise, Ausdruck [altgriechisch bzw. lateinisch *phrásis*]) Eine Killerphrase ist ein inhaltlich fast nichtssagendes → Argument, von dem der Benutzer annimmt, dass die Mehrheit der Diskussionsteilnehmer entweder mit ihm in der Bewertung übereinstimmt oder keinen Widerspruch wagt. Ein Mensch, der eine Killerphrase benutzt, verfolgt vor allem das Ziel, den Kommunikationspartner mundtot zu machen und tragfähige, nachhaltige Lösungen in einem → Konflikt zu verhindern. Beispiele: „Das haben wir schon immer so gemacht!" – „Das haben wir noch nie gemacht!" – „Das ist eben so." – „Das wäre ja noch schöner!" „Hast du keine anderen Sorgen?" – „Träumst Du?"

KOMMUNIKATION

(abgeleitet vom lateinischen Verb *communicare* = sich besprechen) Durch Verhalten und → Wahrnehmung stellen Menschen eine bewusste Beziehung zu anderen Menschen her. Wenn diese Beziehung gelingt, können Menschen → Konflikte entweder vermeiden oder regeln.

L

(vom lateinischen Verb *compromittere* = zusagen) Ein Kompromiss ist eine Lösung eines Konfliktes, bei der beide Seiten auf einen Teil ihrer Forderungen verzichten. Dem Kompromiss stimmt jeder freiwillig zu. — **KOMPROMISS**

(vom lateinischen Verb *confligere* = aneinandergeraten) Konflikte entstehen durch gegensätzliche Ansichten, Gefühle, Interessen, Vorstellungen, Bedürfnisse, Wünsche. Unterschieden werden kann, wie ein Konflikt sich entwickelt, welche Gefühle den Konflikt begleiten und wie sich die Konfliktgegner in der → Situation verhalten. Meistens bestehen Konflikte zwischen zwei Menschen (interpersonell), sie können jedoch auch innerhalb einer Person (intrapersonell) auftreten. — **KONFLIKT**

(eingedeutscht von arabisch *al-Qur'ān* = Lesung, Vortrag aus dem Buch) Der Koran mit 114 Suren (Abschnitten) ist die heilige Schrift des Islam, von der die gläubigen Muslime glauben, sie enthalte die wörtliche → Offenbarung Gottes an den Propheten Mohammed. — **KORAN**

(gebildet zum englischen Verb *to mob* = über jemanden herfallen, sich auf jemanden stürzen, jemanden belästigen) Mobbing besteht darin, andere Menschen wiederholt und regelmäßig zu quälen und seelisch zu verletzen. Ein typischer Mobber oder eine typische Mobberin hänselt sein Opfer, verbreitet absichtlich falsche Behauptungen über es, droht ihm Gewalt an oder drängt es in die → Rolle eines Außenseiters. — **MOBBING**

(arabisch *Muhammad*, 570 Mekka – 632 Medina) ist der Religionsstifter des Islam. Er ist der „Gesandte Gottes und das Siegel der Propheten" (Sure 33,40). Nach muslimischem Glauben empfing Mohammed die Offenbarung Allahs, die seine Anhänger im Koran niederschrieben. Er bemühte sich, die Gemeinschaft aller Muslime, die „Umma", zu einigen. Mohammed verkündete in einer Zeit, in der im arabischen Kulturraum der → Polytheismus noch weit verbreitet war, eine monotheistische Religion, in der auch die damals auf der arabischen Halbinsel verbreitete Vorstellung der Dreifaltigkeit Gottes abgelehnt wurde. Der Prophet wurde von seinen Gegnern aus Mekka, wo er lehrte, vertrieben und floh nach Medina. Dieses Ereignis im Jahr 622 wird Hidschra genannt und ist der Beginn der islamischen Zeitrechnung. — **MOHAMMED**

(von den griechischen Wörtern *mónos* = allein und *theós* = Gott) Der Monotheismus bezeichnet Religionen, die einen allumfassenden Gott kennen und anerkennen. Monotheistische Religionen sind das Judentum, das Christentum und der Islam. Die christliche Dreifaltigkeit Gottes (Vater, Sohn und Heiliger Geist) widerspricht aus christlicher Sicht dem Monotheismus nicht. — **MONOTHEISMUS**

(von lateinisch *moralis* = die Sitten betreffend, sittlich) Moral bezeichnete die alltäglichen Grundsätze des richtigen und guten Handelns, die wir in Familie, Schule und in der Gesellschaft lernen. — **MORAL**

(lateinisch *motus* = Bewegung, Antrieb) Aus relativ festen und klaren Motiven heraus strebt ein Mensch ihm wichtige Handlungsziele an. Der Mensch ist sich dieser Motive nicht immer bewusst und wird dennoch durch solche Motive in seinem → Handeln gesteuert. — **MOTIV**

L

NORM   (lateinisch *norma* = Regel, Vorschrift) Eine Norm enthält einen gültigen Grundsatz für eine verbindliche Handlung.
Beispiele: Bei grün geschalteter Ampel darf die Straße überquert werden. Menschen helfen anderen Menschen in einer lebensbedrohlichen Notsituation.

OFFENBARUNG   (abgeleitet von althochdeutsch *offanbar* = deutlich, klar) Im Zusammenhang mit Religionen bedeutet die Offenbarung Gottes, dass Gott sich den Menschen zeigt, die ihn damit erkennen.

PEERGROUP   (englisch *peer* = gleichrangig) Eine Peergroup bilden ungefähr gleichaltrige Kinder oder Jugendliche mit gemeinsamen Interessen. Sie haben oft auch die gleiche Herkunft. Eine Peergroup hat eine eigene Rangordnung sowie eigene Regeln und → Normen.

POLYTHEISMUS   (von den griechischen Wörtern *polys* = viel und *theoi* = Götter) Religionen, die mehrere Götter oder Göttinnen kennen und anerkennen, sind polytheistische Religionen.

PUBERTÄT   (lateinisch *pubertas* = Geschlechtsreife) Ein Abschnitt im Leben eines jeden heranwachsenden Menschen: Begleitet vom Wachsen von Achsel- und Schamhaar und der Veränderung der Körperformen bilden sich die männlichen und weiblichen Fortpflanzungsorgane aus, sodass der Körper ausgewachsen ist. Der Mensch tritt in die Pubertät ein, wenn sein Körper beginnt, verstärkt Geschlechtshormone herzustellen und in das Blut auszuschütten; bei Jungen vor allem das Hormon Testosteron, bei Mädchen Östrogen. Mädchen durchlaufen die Pubertät zwischen dem 10. und 18. Lebensjahr, Jungen zwischen dem 12. und 21. Lebensjahr.

ROLLE   (von französisch *rôle* = Funktion, Aufgabe, Figur) Ein Mensch spielt überall dort, wo er mit anderen Menschen lebt und handelt, eine soziale Rolle. Das heißt: Er muss so handeln und sich so verhalten, wie die Gemeinschaft es von ihm als Rollenträger erwartet. Beispiel: Die Rolle des Schiedsrichters während eines Fußballspiels besteht darin, dafür zu sorgen, dass das Spiel gemäß den Regeln verläuft. Die Zuschauer erwarten von einem Schiedrichter, dass er die Spielregeln für alle Spielteilnehmer gleich anwendet.

SACHEBENE   Jede → Kommunikation zwischen Menschen hat neben der → Beziehungsebene auch eine Sachebene, wo Menschen vernünftige, überprüfbare Inhalte aussprechen. Sachliche Inhalte lassen sich durch klare Antworten auf W-Fragen ermitteln. Auf der Sachebene haben gefühlsmäßige Inhalte keinen Raum.

SCHEINLÖSUNG   Ein → Konflikt kann unterschiedlich gelöst werden; am besten durch Kompromiss oder Konsens, denn so ist der Konflikt dauerhaft bearbeitet und erledigt. Daneben gehen Menschen nicht selten mit unangenehmen Konflikten so um, dass sie die Bearbeitung eines Konflikts vermeiden oder unterdrücken; ihre → Motive sind oft Gefühle wie Angst, Schuld, Scham oder Minderwertigkeit. Konfliktvermeidung oder Konfliktverdrängung sind Scheinlösungen.

SCHIA **L**

(arabisch *asch-schīʿa* = Anhängerschaft, Partei, Gruppe; deutsch auch Schiitentum oder Schiismus) Die Schiiten bilden mit etwa 15 Prozent aller Muslime nach den Muslimen der → Sunna die zweitgrößte religiöse Strömung innerhalb des Islam.
Schia steht verkürzt für den arabischen Ausdruck *schīʿat ʿAlī* = die Anhänger von Ali. Die Schiiten halten den Schwiegersohn und Vetter des Propheten Mohammed ʿAlī ibn Abī Tālib für den von ihm bestimmten Nachfolger (Kalif). Dem Glauben der Schia nach kann nur ein Nachfahre Alis dem Propheten Mohammed nachfolgen.

SELBSTKONTROLLE

Ein Mensch kontrolliert sich selbst, wenn er innerlich eigene → Handlungen steuern kann. Schon als Kind ist ein Mensch in hohem Maße fähig zur Selbstkontrolle. Eine starke Selbstkontrolle deutet auf ein später erfolgreiches und gutes Leben hin.

SEXUALITÄT

(spätlateinisch *sexualis*; vom lateinischen Substantiv *sexus* = Geschlecht) Menschliche Sexualität bezeichnet im weitesten Sinn alle Verhaltensweisen, Empfindungen und Handlungen, die sich auf das Geschlecht beziehen. In allen Kulturen ist die körperliche Liebe zwischen zwei Personen in der Regel mit zwischenmenschlicher Sexualität verbunden.

SITUATION

(lateinisch *situs* = Lage, Stellung, Verhältnisse vor Ort) Ich befinde mich in einer ganz bestimmten Situation, wenn ich vor einer Entscheidung stehe und eine → Handlung in Gang setzen muss. Das heißt: Ich bin an Gegebenheiten oder Umstände gebunden und von ihnen eingegrenzt. Eine Situation gibt mir einen Rahmen vor, innerhalb dessen ich handle.

SOLIDARITÄT

(abgeleitet von lateinisch *solidus* = fest, dauerhaft) Ein Mensch ist solidarisch, das heißt: Er steht fest zu anderen Menschen, die ebenso wie er eine gute Sache unterstützen.

SPIEGELN

Ein Mensch reagiert auf das Verhalten eines anderen Menschen genau so, wie dieser sich verhält. Ein Mensch wird zum Spiegel des anderen Menschen, das heißt: Er nimmt wahr (→ Wahrnehmung), welche Gefühle der andere Mensch empfindet, und drückt diese Gefühle ebenfalls aus. Spiegeln ist eine wirksame Möglichkeit von → Kommunikation.

STEREOTYP

(zusammengesetzt aus dem griechischen Adjektiv *stereós* = fest, hart, starr und dem griechischen Substantiv *týpos* = Form, Gestalt, Wesen, Eindruck) Ich bediene mich eines Stereotyps, wenn ich damit ein vereinfachtes und verallgemeinerndes → Urteil insbesondere über Menschen fälle. Beispiel: Alle Deutschen haben dicke Bäuche und trinken gerne Bier. Mit der Aussage eines Stereotyps kann ich mich zwar schnell orientieren. Bin ich aber stark durch ein Stereotyp geleitet, kann es passieren, dass ich daran gehindert werde, mich offen mit einem Menschen, den ich kenne oder kennenlerne, auseinanderzusetzen. Ein Stereotyp kann ein → Vorurteil beinhalten.

L

SUNNA

(arabisch *ahl as-sunna* = Volk der Tradition; deutsch auch Sunnitentum oder Sunnismus) Die sunnitischen Muslime bilden die größte Glaubensrichtung des → Islam. Sie sehen sich der Gruppe von Gläubigen zugehörig, die aus dem Kalifat Abu Bakrs hervorgehen, der 632 n. Chr. Mohammeds Nachfolge antrat. Die wichtigste Gegengruppe bilden Muslime der → Schia.

URTEIL

Mit Urteilen kann man Sachen, Menschen oder Situationen beschreiben. In diesem Sinne sind Urteile Aussagen, die wahr oder falsch sein können (→ Wahrheit), also Aussagesätze wie „Alle Schwäne sind weiß" oder „Zwei mal zwei ergibt vier".
Urteile können aber auch eine Bewertung ausdrücken, zum Beispiel „Lügen ist falsch" oder „Du solltest mehr Sport machen". Solche Aussagen beschreiben nicht, wie etwas ist, sondern drücken aus, wie etwas sein soll.

VORURTEIL

Ein Mensch fällt vorschnell ein → Urteil über Menschen, Dinge oder Situationen. Das Urteil entbehrt der genauen Wahrnehmung und einer richtigen Deutung. Das heißt: Ein Mensch trifft eine Aussage, bevor er geprüft hat, ob diese Aussage richtig oder wahr ist (→ Wahrheit). Einmal gefällte Vorurteile wirken oft endgültig oder unumstößlich.

WAHRHEIT

Ein Mensch spricht wahr über etwas, wenn er seine Aussage darüber mit → Argumenten begründet, sodass er damit die allgemeine Zustimmung anderer Menschen findet, die über Wissen und Erfahrung verfügen.

WAHRNEHMUNG

(abgeleitet von „etwas aufnehmen" und „für wahr und wirklich deuten") Meine Wahrnehmung
- stützt sich auf über meine Sinne aufgenommene Informationen über Dinge, Menschen und Situation.
- ist abhängig davon, welche Erfahrungen ich mit diesen Informationen gesammelt habe. Das heißt: Unerfahrenes kann ich nicht deuten, es kann mich aber unsicher oder ängstlich werden lassen.
- ist subjektiv, das heißt: Meine Wahrnehmung ist meine eigene Wahrnehmung.
- kann falsch sein und mich häufig täuschen.

WUT

Wut als sehr starker Gefühlsausbruch bezeichnet eine heftige Reaktion auf eine als sehr unangenehm empfundene Situation oder Bemerkung eines anderen Menschen. Wut bricht in der Regel heftiger aus als Ärger und kann schwerer beherrscht werden als Zorn. Wenn ein Mensch leicht in Wut gerät, tut er sich schwerer damit, sich selbst zu kontrollieren.

Methoden-Glossar

Es gibt Bilder, die können uns wirklich zum Nachdenken bringen: zum Beispiel Bilder aus der darstellenden Kunst. Deshalb ist es wichtig, Methoden des Bildverstehens einsetzen zu können.

BILDVERSTEHEN

1. spontaner Eindruck
Betrachte das Bild und lasse deine Gedanken fließen. Nimm auch deine Empfindungen beim Betrachten wahr. Versuche Gedanken und Gefühle in Worte zu fassen.

2. genaue Betrachtung
Nun schau dir das Bild ganz genau an, wie mit einer Lupe: Welche einzelnen Teile des Bildes erkennst du? Welche Farben und Formen fallen dir auf? Gibt es Bildelemente, die du kennst (z.B. eine Taube, die für Frieden steht)?

3. Zusammenhänge erkennen
Bei diesem Schritt kommt es wieder auf einen größeren Überblick an. Zunächst innerhalb des Bildes: Wie ist es aufgebaut? Welche Elemente passen zueinander, welche wirken eher wie Gegensätze? Dann auch außerhalb des Bildes: Weißt du etwas über den Maler oder die Malerin? In welcher Zeit entstand das Bild?

4. Interpretation (Deutung)
Dieser Schritt ist besonders wichtig. Denn hier geht es um die Bedeutung, die dieses Bild für dich hat – so, wie du es bisher betrachtet und verstanden hast. Was könnte das Bild erzählen? Warum macht es heute noch Sinn, dieses Bild näher zu betrachten? Welche Antwort gibt es auf deine Frage?

Wir denken in Begriffen und verständigen uns mithilfe von Begriffen. Wer sich Klarheit darüber verschaffen kann, was genau ein solcher Begriff bedeutet, der gerade in einem Gespräch ganz selbstverständlich verwendet wurde, der kann besser verstehen, genauer darüber nachdenken und sich selbst auch viel verständlicher für andere ausdrücken. Daher ist die Begriffsbestimmung eine grundlegende Methode für alle Fächer. Es gibt verschiedene Möglichkeiten, Begriffe zu bestimmen. Einige von ihnen sind die folgenden:

BEGRIFFSBESTIMMUNG

A Definition
Zu dem Begriff, der genauer bestimmt werden soll, werden ein *Oberbegriff* und ein

besonderes Merkmal genannt:

Quadrat → ein *Rechteck* mit **vier gleich langen Seiten**

Welpe → ein *Hund*, der **vor kurzem geboren wurde**

B spontane Gedanken (Assoziationen) sammeln

G

C Gegenbegriffe nennen

hässlich → schön/brüllen → flüstern

D Beispiele aufzählen

Säugetier → Pferd, Kaninchen, Fledermaus, Delfin, Mensch, ...

Jugendbuch → Harry Potter, Die wilden Kerle, Hände weg von Mississippi, ...

E ein charakteristisches Merkmal benennen

Aussagesatz → wird mit einem Punkt beendet

F sprachliche Bilder formulieren

Computer → Mamas Lieblingsspielzeug

Leben → Pralinenpackung

G ähnliche Begriffe finden

Gaudi → Vergnügtsein, Fun, Spaß, ...

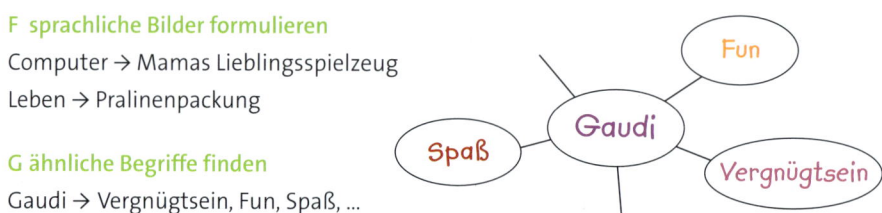

CLUSTER ERSTELLEN

Wozu?

Das Cluster dient dazu, zu einem Thema oder einer Fragestellung spontane Gedanken zu sammeln. Es wird auch gerne als erster Schritt der Ideensuche eingesetzt, wenn man einen Text schreiben möchte, z.B. eine Geschichte. Übrigens gibt es das *Clustern* auch als *Moderationsmethode*: Hierbei geht es nach einer Sammelphase um die erste Ordnung von Kärtchen zu thematischen Gruppen.

Wie?

Als Ideensammlung ist die Form des Clusters sehr einfach:

Schreibe in die Mitte eines Blattes (möglichst in Querformat) das zentrale thematische Stichwort und kreise es ein. Jeder Gedanke, der dir dazu einfällt, wird um diesen Kreis herum notiert und durch einen Strich mit diesem verbunden.

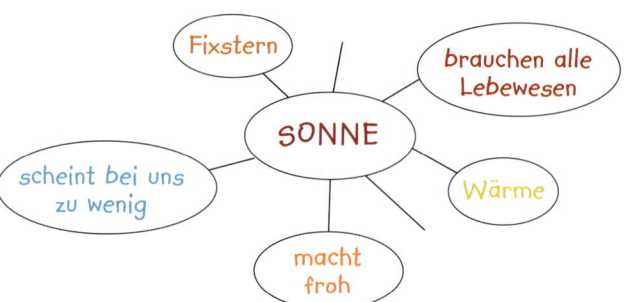

Hinweis

Im Unterschied zur → Mindmap ist das Cluster eine unstrukturierte Sammlung von ersten Ideen. Erst in einem weiteren Schritt kann man dann über das Notierte genauer nachdenken und überlegen, inwieweit sich diese Ideen zusammenfassen lassen oder ganz unterschiedliche Bereiche betreffen. Aber dies ist nicht mehr die Aufgabe des Clusters als Ideensammlung.

Jemandem eine Rückmeldung über das zu geben, was man von seinen Äußerungen oder seinem Verhalten denkt, nennt man auch Feedback geben. Dabei kommt es darauf an, dass es auf eine positive Weise erfolgt, denn nur dann ist die Person auch offen dafür, die Rückmeldung anzunehmen.

FEEDBACK GEBEN

Folgende Regeln können dabei helfen:

- Ich wende mich anderen wohlwollend und konzentriert zu.
- Ich kann nicht dazu gezwungen werden, einem anderen Feedback zu geben. Ich kann sagen, wenn ich das nicht möchte.
- Ich beginne eine Aussage dazu, wie ich das Verhalten einer Person oder eine Situation erlebe, immer mit „Ich" und unterlasse Verallgemeinerungen wie „Du machst immer ..." (→ Ich-Botschaften).
- Ich vermeide verletzende und abwertende Kommentare.
- Ich versuche nicht, das Verhalten einer Person zu analysieren und zu deuten.
- Ich bleibe beim Thema.

Bestimmt hast du dir schon einmal vorgestellt, wie es wäre, wenn ... Ein solches Gedankenspiel kannst du auch einsetzen, um zu überprüfen, ob deine Überlegungen zu einer Sache oder einer Frage richtig sind. Dann spricht man von einem Gedankenexperiment, weil man in einer Art Experiment mit Gedanken und in Gedanken etwas ausprobiert. Das Ergebnis, die Antwort auf die gestellte Frage, wird dann kritisch bewertet.

GEDANKENEXPERIMENT

1. Formuliere eine Annahme, von der du ausgehen willst, z. B.:
   „Nimm einmal an, du könntest die Gedanken anderer Menschen lesen."
   Andere Anfänge sind möglich, z. B.: „Gehen wir einmal davon aus, dass ...", „Vorausgesetzt, man könnte ...", „Was wäre, wenn ...?"
2. Nun leite daraus eine Frage ab, die du beantworten möchtest, z. B.:
   „Was würde sich in deinem Leben ändern?"
3. Beantworte diese Frage, indem du genau schilderst, was unter der Voraussetzung deiner Annahme alles passieren würde.
4. Bewerte das Ergebnis deines Gedankenexperiments:
   „Was bedeutet das?" – „Was folgt daraus?" – „Wollen wir das?"

Um gemeinsam Gedanken und Meinungen zu einem Thema zu sammeln, eigent es sich, eine Gedankenkette aufzufädeln. Reihum fügt jeder seine eigenen Gedanken hinzu. Dabei darf nicht wiederholt werden, was schon gesagt wurde. Wem nichts Neues mehr einfällt, der gibt an den Nächsten weiter. Die Kette endet, wenn kein neuer Gedanke mehr hinzugefügt werden kann.

GEDANKENKETTE

Eine Landkarte bietet räumliche Orientierung, sie visualisiert durch bildliche Symbole, z. B. Strukturen einer Landschaft, unterschiedliche Wege und Straßen in einer Stadt oder durch ein Gebirge. Wir gewinnen mithilfe dieser modellartigen Darstellung auf einer Karte eine Übersicht und können uns dadurch in der realen Landschaft bzw. Stadt zurechtfinden. Diese Fähigkeit lässt sich nutzen für die Visualisierung von Gedanken, um diese zu ordnen, selbst Klarheit über das eigene Denken und Fühlen zu erlangen oder die eigenen Gedanken und Gefühle anderen verständlich zu machen. Eine Gedankenlandkarte arbeitet mit ähnlichen Elementen wie eine „normale" Landkarte, doch diese Elemente werden als Metaphern genutzt: Unterschiedliche breite, bequeme, steile Wege, Pfade, Straßen, Autobahnen können z. B. für eine schnelle, leichte oder auch beschwerliche, anstrengende Entwicklung bzw.

GEDANKENLANDKARTE

G

Lebensphase stehen, Gebirge oder Schluchten können unüberwindliche Schwierigkeiten oder Probleme symbolisieren. Unsere Sprache weist in einigen Redewendungen auf die metaphorische Bedeutung von Landschaftselementen hin: Wir sprechen vom „Strom des Lebens", von den „Niederungen der Existenz", von den „Höhen des Erfolgs", den „Abgründen der Seele"; manchmal stehen wir „im Regen" oder drohen „in Arbeit zu ertrinken".

1. Lasse deine Gedanken zu einem Thema (z. B. Liebe, Glück, Freundschaft, Stress) schweifen und notiere unsortiert und stichwortartig, was dir durch den Kopf geht.
2. Übersetze die wichtigsten Stichworte in Landschaftsmetaphern (s. o.).
3. Wähle auf einem Blatt (vielleicht ein farbiges) einen Standpunkt, von dem aus du bestimmen kannst, was nah und was weiter weg von dir ist.
4. Zeichne oder male die Landschaftsmetaphern, die du notiert hast (Punkt 2).
5. Deine Gedankenlandkarte wird sich während der Gestaltung vielleicht einige Male verändern. Das ist sinnvoll, denn so wird deutlich, dass sich deine Gedanken und Gefühle im Prozess der Visualisierung präzisieren und ordnen.

GEFÜHLE BENENNEN UND BESCHREIBEN

Gefühle spielen in unserem Leben eine große Rolle. Meistens sind sie einfach da, ohne dass man genauer über sie nachdenkt. Dieses Nachdenken über Gefühle kann aber sehr wichtig sein. Dazu ist es notwendig, dass man seine Gefühle benennen und beschreiben kann.

1. Stelle dir eine Situation vor, in der du etwas Außergewöhnliches erlebt oder gesehen hast. Erinnere dich genau an das Gefühl, das du dabei empfunden hast.
2. Suche ein Wort, das dieses Gefühl am besten benennt (z. B. Grusel, Ekel, Neugier, Freude).
3. Beschreibe nun dieses Gefühl so genau wie möglich, z. B. Sehnsucht haben fühlt sich an wie
   - ein Ziehen im Bauch,
   - als ob ich zu etwas hingezogen werde,
   - …

Die Punkte 2 und 3 kannst du auch vertauschen: Dann beschreibst du erst, wie sich das Gefühl anfühlt, und ordnest ihm dann einen Begriff zu – gibst ihm sozusagen einen Namen.

ICH-BOTSCHAFTEN

Menschen leben nicht allein, sie leben unter und mit anderen Menschen. Daher kann es in unterschiedlichen Situationen zu Konflikten kommen. Es gibt einige bewährte Möglichkeiten, solche Konflikte zu entschärfen oder sogar beizulegen.

Eine besonders wichtige Methode ist die Formulierung von Ich-Botschaften. Eine Ich-Botschaft besteht aus drei Teilen:
- Beschreibung des Verhaltens, das aus meiner Sicht den Konflikt ausgelöst hat.
  BEISPIEL *Der Mülleimer in der Küche ist trotz Absprache wieder nicht geleert worden.*
- Offenbarung der eigenen Gefühle. BEISPIEL *Darüber bin ich total sauer.*
- Gründe für die Gefühle bzw. Auswirkungen des Verhaltens des Gesprächspartners.
  BEISPIEL *Ich stehe hier mit den Überresten der geschälten Melone in der Hand und kann sie nicht im Müll loswerden.*

Diese drei Teile müssen nicht schematisch abgearbeitet werden, sollten aber in jeder Ich-Botschaft enthalten sein. Wichtig ist, dass man von sich ausgeht und den anderen nicht beschimpft oder verletzt – selbst wenn man sicher ist, dass er einen Fehler gemacht hat. Vermeide zudem Ausdrücke wie „immer" oder „nie". Es geht nur um die konkrete Situation, nicht um eine generelle „Abrechnung".

Fast jeder hat heutzutage mit dem Internet zu tun, z. B. durch E-Mails, Chat, Musik, Filme, Kinoprogramm, Nachrichten, Einkaufen. Es gibt einfach unzählige Möglichkeiten, die Welt des www (World Wide Web) zu nutzen. Wer im Internet Informationen zu bestimmten Themen oder Fragen sucht, der muss also wissen, wie man gezielt sucht.

1. Überlege dir zunächst genau, zu welcher Frage oder zu welchem Thema du Informationen benötigst. Dabei kann die Methode des Clusters oder der Mindmap eine sinnvolle Hilfe sein. Ein Beispiel:

2. Nun hast du wahrscheinlich schon wichtige Stichwörter, die du für deine konkrete Suche im Netz nutzen kannst. Entscheidend ist nun, welche Wörter du als Suchbegriffe verwendest.
- Ein einzelnes Wort, das sehr allgemein ist, erzielt viele Ergebnisse. Dann fällt es schwer, die besten Informationen herauszufinden. (Beispiel: „Buch")
- Ein spezielles Wort oder mehrere Suchbegriffe erzielen weniger oder gar keine Ergebnisse. (Beispiel: „Kunst des Buchdrucks viel Geld")

Tipp

Probiere es einfach aus: Gib zuerst 2–3 Suchbegriffe gleichzeitig ein, die dein Thema betreffen. Lasse dann einen Begriff weg oder ersetze ihn, falls das Suchergebnis für dich nicht ergiebig ist.

Hinweis

Bedenke, dass nicht alle Webseiten glaubwürdig sind. Wähle deshalb für deine Informationen Seiten von Behörden oder glaubwürdigen Medien aus. Hinterfrage deine Rechercheergebnisse kritisch, indem du verschiedene Quellen miteinander vergleichst.

Die Mindmap wird auch Gedankenlandkarte genannt. Sie ist ein Verfahren, um Begriffe oder Stichwörter zu einer Frage oder einem Thema in strukturierter Form festzuhalten. Daher genügt es bei einer Mindmap nicht, spontane Ideen einfach aufzuschreiben, wie etwa beim → Cluster. In der Mindmap soll die Verknüpfung von Stichwörtern, die inhaltlich zusammenhängen, deutlich werden. Sie arbeitet deshalb mit Ober- und Unterbegriffen. Um eine Mindmap zu erstellen, benötigst du bereits eine Ideensammlung (z. B. mithilfe eines → Clusters) zu einem bestimmten Thema.

G

1. Notiere dein Thema in der Mitte eines Blattes (am besten im Querformat) und kreise es ein.
2. Um dieses zentrale Stichwort kommen Oberbegriffe oder Fragen, die später weiter untergliedert werden können. Du kannst diese erste Ebene z. B. durch Unterstreichung hervorheben.
3. Auf einer zweiten Ebene werden diesen Oberbegriffen oder Fragen weitere Stichwörter zugeordnet. Diese Zuordnung wird durch Linien kenntlich gemacht.
4. Auch diese zweite Ebene kann noch weiter untergliedert werden: Nutze auch hier Linien. Die Unterbegriffe können manchmal selbst noch weiter in Beispiele unterteilt werden. Auch diese kannst du mit entsprechenden Linien von ihrem Bezugswort ableiten.

Hinweis

Oft fällt einem später noch etwas ein, was man ergänzen möchte. Lass also besonders zwischen den Oberbegriffen viel Platz für Ergänzungen.

PERSPEKTIVWECHSEL

Wenn du dich in die Lage einer anderen Person hineinversetzt, ihre Gedanken und Gefühle nachvollziehst, übernimmst du ihre Perspektive, ihren Blick auf andere Menschen und Ereignisse. Dieser Perspektivwechsel geschieht in manchen Situationen ganz automatisch, z.B. wenn du beobachtest, wie jemand eine heiße Herdplatte anfasst und dann vor Schmerz aufschreit. Du kannst dich in diesem Moment sicherlich sehr gut in ihn hineinversetzen, weil du vielleicht etwas Ähnliches selbst schon erlebt hast. In anderen Situationen fällt ein Perspektivwechsel nicht ganz so leicht: Etwa wenn du dich mit deiner Freundin gestritten hast und sie sich sehr aufregt und vielleicht anfängt zu schreien, ist es nicht so einfach, aus der eigenen Haut zu schlüpfen und sich in ihre Lage zu versetzen. Ein Perspektivwechsel kann sehr wichtig sein, um das Verhalten anderer Menschen richtig beurteilen zu können – und sich selbst entsprechend zu verhalten.

Nimm Abstand von dir selbst. Stelle dir vor, du bist SIE oder ER:
„Wenn ich SIE oder ER wäre, dann würde ich ... denken ... fühlen ... tun.“

Du kannst deine Überlegungen dazu aufschreiben, dann fällt es dir leichter, später darüber zu sprechen.

PLAKAT GESTALTEN

Ein Plakat dient der Veröffentlichung von Inhalten. Daher sollte es anschaulich und übersichtlich gestaltet sein. Text- und Bildelemente können dazu beitragen ein Thema oder eine Fragestellung auf einem Plakat darzustellen. Denke daran, dass jemand, der dein Plakat sieht, möglichst schnell erkennen soll, worum es geht.

REFERAT VORBEREITEN

Diese Methode dient der Information der Zuhörer, manchmal auch dem Apell bzw. Aufruf zu einem bestimmten Verhalten oder einer Haltung gegenüber einem Thema. Daher sollte der Referent oder die Referentin immer im Blick haben, wie das, was er oder sie sagt und zeigt, von den Zuhörerinnen oder Zuhörern verstanden und angenommen werden kann.

1. **Thema bzw. Fragestellung inhaltlich erarbeiten:** Recherchiere im Internet und in der Bibliothek, in Zeitschriften und befrage Experten. Sammle viel Wissen zu deinem Thema, bevor du entscheidest, was davon für deine Zuhörer überhaupt interessant und wichtig ist. Beim Sammeln kann dir übrigens auch die Methode der Mindmap helfen.
2. **Inhalte strukturieren:** Entwickle ein Konzept für dein Referat, indem du eine inhaltliche Struktur erstellst. Dafür ist es wichtig, Schwerpunkte zu setzen. Es ist zumeist

G

nicht sinnvoll, alles, was du zu deinem Thema recherchiert hast, in dein Referat aufzunehmen. Du musst je nach Fragestellung oder Interesse deiner Zuhörer auswählen.

3. **Inhalte gestalten:** Entscheide, wie du dein Wissen den Zuhörern präsentieren möchtest. Du kannst vieles nicht nur mündlich vermitteln, sondern auch durch Bilder, Grafiken, Filmsequenzen oder Gegenstände anschaulicher machen. Dies erhöht nicht nur die Aufmerksamkeit bei deinen Zuhörern, sondern auch die Effizienz deines Referates: Man kann sich einfach besser merken, was du vorstellst! Aber Achtung: Zuviel technischer ‚Schnickschnack' ist auch nicht gut. Was zählt, ist der Inhalt, nicht die Form! Denke daran, Fachbegriffe oder schwierige Zusammenhänge zu erklären, deine Zuhörer haben sich ja nicht so ausführlich mit deinem Thema beschäftigt wie du.

4. **Vortrag einüben:** Probiere dein Referat aus, am besten genau so, wie du es später wirklich halten möchtest.

5. Vielleicht bietet sich bei deinem Thema eine **Diskussion** oder ein **Fragequiz** nach deinem Referat an. Damit kannst du deine Zuhörer noch besser aktivieren.

SCHREIBGESPRÄCH

Ein Schreibgespräch wird in kleinen Gruppen mit höchstens vier Teilnehmern durchgeführt. Dadurch, dass nicht gesprochen werden darf, hat jeder ausreichend Zeit, eigene Gedanken zu formulieren und auf solche der anderen Teilnehmer zu antworten.

1. Jeder Teilnehmer der Gruppe wählt eine bestimmte Stiftfarbe aus, mit der er schreiben möchte.
2. Notiert eure Gedanken gleichzeitig auf einem möglichst großen Blatt Papier oder auf einem Plakat.
3. Jeder kann auf das Geschriebene der anderen antworten. Markiert mit Pfeilen, auf wessen Meinung sich eure Antwort bezieht.
4. Nach dem Schreibgespräch könnt ihr euch wieder mündlich darüber austauschen, welches die wichtigsten Ideen oder Gedanken für euch waren.
5. Diese wichtigsten Gedanken könnt ihr noch einmal auf Kärtchen festhalten und an der Tafel oder einer Pinnwand ordnen.

SELBSTWAHRNEHMUNG

Es gibt Entscheidungssituationen, in denen es nicht auf äußere Einflüsse ankommt, sondern darauf, wo deine innere Grenze liegt: „Bis hierhin – und nicht weiter!"
Die Methode der Selbst-Wahrnehmung kann dir dabei helfen, deine innere Grenze als Orientierung und Entscheidungshilfe zu bestimmen. Gehe dazu auf eine Gedankenreise mit dir selbst:

1. **Bodenhaftung?**
   Beschreibe, wie es sich anfühlt, wenn du in dieser Situation X oder Y tust. Hast du dann noch ‚festen Boden' unter den Füßen?
2. **Mag ich mich?**
   Fühlst du dich in der Situation wohl? Magst du dich, wenn du X tust oder es lässt?
3. **Meins oder nicht meins?**
   Benenne das Verhalten, welches zu dir passt, und das, welches nicht zu dir passt.
4. **Grenzziehung!**
   Zeichne oder male auf ein Papier eine Grenze. Betrachte sie und stelle dir vor, wo du stehst, und was aus deiner Sicht jenseits der Grenze liegt.

SOKRATISCHES GESPRÄCH

Das sokratische Gespräch ist eine philosophische Methode, die der griechische Philosoph Sokrates erfand. Er lebte etwa von 470 bis 399 v. Chr. Sokrates war davon überzeugt, dass man im gemeinsamen Gespräch besonders gut zu Erkenntnissen kommen kann.

1. Jeder kann an einem sokratischen Gespräch teilnehmen und Meinungen und Argumente zur Sprache bringen.
2. Alle einigen sich auf ein Thema oder auf eine Frage.
3. Voraussetzung für ein gelingendes Gespräch ist, dass alle gegenüber den Meinungen anderer offen und unvoreingenommen sind; sie müssen bereit sein, ihre eigene Meinung zu überprüfen.
4. Die Aufgabe besteht darin, Meinungen und Behauptungen zu begründen.
5. Alle verfolgen das Ziel, ein Ergebnis zu erreichen, dem möglichst alle Teilnehmerinnen und Teilnehmer des sokratischen Gesprächs zustimmen können.
6. Im sokratisches Gespräch gibt es die Möglichkeit, ein Metagespräch einzuführen: ein Gespräch über die Art und Weise, wie ein Gespräch verläuft.

SOZIOGRAMM

Ein Soziogramm stellt die verschiedenen Beziehungen in einer Gruppe (z. B. einer Schulklasse) zeichnerisch dar. Es kann zeigen, ob Gruppenteilnehmer und Gruppenteilnehmerinnen gute Beziehungen oder schlechte Beziehungen zueinander haben oder ob bestimmte Gruppenmitglieder gar nicht in die Gruppe eingebunden sind.
Um ein Soziogramm zu erstellen, geht man folgendermaßen vor:

1. Lege fest, welche Personen (A, B, C, ...) im Soziogramm auftauchen sollen.
   Wenn die Personen nicht mit Namen, sondern als Buchstaben im Soziogramm erscheinen sollen, ordne jeder Person einen Buchstaben zu.
   A = Anton, B = Basti usw.
2. Beschreibe die Beziehungen der Personen zueinander in Stichworten:
   z. B. ● A und B mögen sich sehr gerne   ● C mag A
        ● B mag C nicht   ● C mag B nicht
        ● A mag C nicht

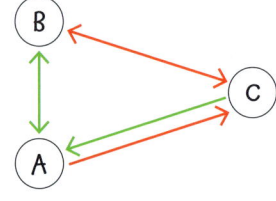

3. Zeichne nun die Personennamen oder Buchstaben in Kreisen auf. Du kannst die Kreise schon so anordnen, dass deutlich wird, wer in der Mitte oder am Rand steht.
4. Zeichne zwischen den Kreisen Pfeile ein, die zeigen, wie die Beziehung der Personen zueinander aussieht. Hier sind einige Bespiele:
   Roter Pfeil ⟶: Ablehnung
   Grüner Pfeil ⟶: Anziehung/Sympathie
   Gestrichelter Pfeil ┄⟶: Gleichgültigkeit
   Pfeil in beide Richtungen in rot oder grün ⟷ ⟷: gegenseitige Ablehnung oder Anziehung
   Weitere Möglichkeiten sind: etwas auf die Pfeile einzuzeichnen, z. B. Smiley (☺ lachend = Anziehung/Sympathie oder ☹ böse schauend = Ablehnung), ein Blitz ⚡ = Konflikt ...
   Du kannst hier auch selbst kreativ werden.
5. Erstelle eine Legende zu deinem Soziogramm, indem du deine Symbole übersetzt:
   ⟶ = Ablehnung   ⚡ = Konflikt
   ⟶ = Anziehung/Sympathie usw.
   Ergänzend kannst du die Buchstaben-Namen-Zuordnung in deiner Legende anführen:
   A = Anton   B = Basti   C = Christian

Bei einer Inszenierung stellt man ein Thema oder ein Problem als eine Szene dar: Man setzt es in Szene, so wie im Theater ein Stück inszeniert wird. Man schaut, wie der Stoff des Stückes inszeniert, d. h. auf die Bühne gebracht werden kann. Dabei muss man auch darüber nachdenken, mit welchen Mitteln man die Szene darstellt.

SZENISCHES SPIEL

1. Das Problem oder das Thema als Frage formulieren, z. B.:
   „Wenn unsere Klasse jemanden für den Aufräumdienst wählt, ist es dann wichtig, zwischen Mädchen und Jungen zu unterscheiden?"
2. Wie kann man die Frage am besten in Szene setzen?
   Beispiel: Diskussion in der Klasse, Handpuppenspiel, Interview, Standbild, Rollenspiel
3. Bewertung der Inszenierung: Die Beteiligten prüfen
   a) ob die Frage angemessen inszeniert wurde,
   b) welche Antwort auf die Frage durch die Inszenierung gegeben werden kann.

Vorurteile und Stereotype werden so verwendet, als müsste man sie nicht bezweifeln, weil sie sowieso richtig seien und jeder das wüsste. Um sie zu überprüfen geht folgendermaßen vor: Jeweils zwei Teilnehmer oder Teilnehmerinnen erhalten einen Satz mit demselben Vorurteil oder Stereotyp. Sie werden gebeten, sich Pro- und Kontraargumente zu diesem Satz zu überlegen. Eine Person liest den Satz mit dem Stereotyp oder Vorurteil laut vor. Die beiden Schüler oder Schülerinnen werden gebeten, ihre vorher überlegten Argumente mitzuteilen. Zusätzlich kann die Gruppe, die den Austausch der Argumente verfolgt, um Hilfe gebeten werden. Danach diskutiert und bewertet die Gruppe die Aussagekraft des Satzes, der das Stereotyp oder Vorurteil enthält. Dabei können die folgenden Fragen zur Unterstützung der Diskussion eingebracht werden:

VORURTEILE UND STEREOTYPE HINTERFRAGEN

- Welche Aussage wird mit dem Satz getroffen?
- Welche Vorstellungen von den Personen, die die Aussage betrifft, stehen dahinter?
- Welche Motive können wir hinter dieser Aussage vermuten?
- Würdet ihr der Aussage zustimmen?
- Wie geht es euch, wenn ihr einen solchen Satz hört?
- Wie kann gegen dessen Aussage argumentiert werden? Warum ist das schwer oder auch einfach?

Stichwortverzeichnis

Personenverzeichnis

Bildquellenverzeichnis

6 Cornelsen/Dorothee Mahnkopf; Thoraständer © stock.adobe.com/Marén Wischnewski; Gebetskette © ddp images/ Sebnem Koken/Shotshop; arabisches Schriftzeichen © stock.adobe.com/Tulip Design; Hintergrund © stock.adobe.com/ Paolo Gallo Modena/Paolo Gallo; **8** l.: Cornelsen/Detlef Seidensticker; r.: stock.adobe.com/Elnur Amikishiyev ©/Elnur; **10** action press/ullstein – Archiv Gerstenberg **11** o.: akg-iamges/Roland und Sabrins Michaud; u.: interfoto e.k./Prof. Mag. Michael Floiger; **18** Cornelsen/Constanze Spengler **21** o.: Shutterstock.com; www.colourbox.de/Colurbox.com; www.colourbox.de/Jimmi Larsen; u.: seasons.agency/Westermann, Jan-Peter; stock.adobe.com/murziknata; www.colourbox.de/Colourbox. com **23** Imago Stock & People GmbH/Jens Jeske; **24** dpa Picture-Alliance/Ingo Wagner; **25** ddp images/INTERTOPICS/Horst Galuschka; **26** Gerhard Mester/Baaske Cartoons; **27** © Forschungsgruppe Weltanschauungen in Deutschland (fowid.de) **31** action press/Public Address; **32** dpa Picture-Alliance/Tim Brakemeier; **34** o.l.: Cornelsen/Detlef Seidensticker; o.r.: Cornelsen/Detlef Seidensticker; **35** mauritius images/alamy stock photo/ geogphotos; **36** Masako Tomokiyo/DOM publishers.; **38** Cornelsen/Dorothee Mahnkopf; **40** von l.o. nach r.u.: action press/die bildstelle/Mcphoto; stock.adobe.com/K.- P. Adler; stock.adobe.com/lev dolgachov/Syda Productions; stock. adobe.com/Creatista/2017 Scott Griessel/Scott Griessel; stock.adobe.com/Picture-Factory/Racle Fotodesign; stock. adobe.com/© 2010 Zlatan Durakovic, all rights reserved/Zlatan Durakovic; **42** dpa Picture-Alliance **43** Cornelsen/ Constanze Spengler; **44/45** Cornelsen/Thomas Krauß; **48** Cornelsen/Constanze Spengler; **49** Cornelsen/Constanze Spengler; **51** Cornelsen/Constanze Spengler; **52** o.: © Watterson/Distr. Andrews McMeel Syndicate/Distr. Bulls; u.: Cornelsen/Detlef Seidensticker; **53** bpk/Gemäldegalerie, SMB/Jörg P. Anders; **54** Archiv S. Fischer Verlag; **55/56** Cornelsen/Thomas Krauß; **57** o.: Christina Neidenbach/Beltz & Gelberg; u.: Julius Beltz GmbH & Co. KG; **59** Vanessa Kleinwächter, Berlin; **62/63** Cornelsen/Thomas Krauss **64** o.: Cornelsen/Constanze Spengler; u.: stock. adobe.com/Copyright © 2000-2006 Adobe Systems, Inc. All Rights Reserved.; **65** Soufina Hamed, Berlin; **66/67** © flix, Felix Görmann, Berlin; **67** u.: Cornelsen/Constanze Spengler; **68** mauritius images GmbH; dpa Picture-Alliance/dieKLEINERT.de/dieKLEINERT.de; shutterstock.com; **69** Cornelsen/Constanze Spengler; **71** Bridgeman Images//Photo © Louis Monier; **72** l.: stock.adobe.com/© 2013 Holly Kuchera/Rohan; r.: akg-images/Mörchel-Hartmann; **73–76** Cornelsen/Constanze Spengler; **77** Religious Society of Friends (Quakers) in Britain; **78** Cornelsen/ Constanze Spengler; **79** © Watterson/Distr. Andrews McMeel Syndicate/Distr. Bulls; **80** o.: siehe S. 72; u.: Cornelsen/ Constanze Spengler; **81** Cornelsen/Constanze Spengler; **82/83** Cornelsen/Constanze Spengler; **88** Cornelsen/ Constanze Spengler; **95** Imago Stock & People GmbH/Photodesign; **96/97** Cornelsen/Constanze Guhr; **98** Florian Peljak/Süddeutsche Zeitung Photo; mauritius images/alamy stock photo/Islandstock; Imago Stock & People GmbH/ Westend61; dpa Picture-Alliance/Westend61; **99** dpa Picture-Alliance/Carmen Jaspersen; **101** Cornelsen/Constanze Spengler; **102** mauritius images/Blend Images; **106** Horst Haitzinger, München; **107** © Watterson/Distr. Andrews MvMeel Syndicate/Distr. Bulls; **108–111** Corneslen/Constanze Spengler **112** Shutterstock.com/Africa Studio; **113** Shutterstock.com/Georgios Kollidas; **115** bpk – Bildagentur für Kunst, Kultur und Geschichte; **117** Cornelsen/ Constanze Spengler; **119** Cornelsen/Constanze Spengler; **121/122** Satrapi Marjane: Persepolis. Gesamtausgabe © für die deutschsprachige Ausgabe: Edition Moderne; Zürich 2004; **121** o.: Bridgeman Images/Opale/© Basso Cannarsa// Leemage; **127–129** Cornelsen/Constanze Spengler; **131** akg-images/bilwissedition

Textquellenverzeichnis

10 Ibn-Ishaq, Muhammad: Das Leben des Propheten = as-Sira an nabawīya. Aus dem Arab. übertr. und bearb. v. Gernot Rotter. Kandern: Spohr Verlag 1999; **13** Der Koran. Übers. v. Rudi Paret. Stuttgart: Kohlhammer Verlag, 8. Auflage 2001, S. 196–199*; **22** Krüger, Karen: Eine Reise durch das islamische Deutschland. Reinbek: Rowohlt Verlag 2016, S. 150 ff.*; **23** Toprak, Cigdem: „Ich, die Integrationsverweigerin", in: ZEIT ONLINE v. 19.04.2011: https://www.zeit.de/gesellschaft/2011-04/leserartikel-integrationsverweigerung*; **24** „Sie fühlen sich nicht unterdrückt – Interview Comiczeichnerin Soufeina Hamed", in: taz vom 15.02.2014: https://taz.de/Interview-Comiczeichnerin-Soufeina-Hamed/!5048446/*; **25** Cevikollu, Fatih, zit. in: Karen Krüger, Eine Reise durch das islamische Deutschland. Reinbek: Rowohlt Verlag 2016*; **29** Der Koran. Übers. v. Rudi Paret, Stuttgart: Kohlhammer Verlag, 8. Auflage 2001; Die Tora nach der Übers. v. Moses Mendelssohn. Revision 2015 – 5775. Hrsg. v. Annette Mirjam Boeckler, S. 152 f.; **30** Die Bibel. Einheitsübersetzung der Heiligen Schrift, vollständig durchgesehene und überarbeitete Ausgabe. © 2016 Katholische Bibelanstalt GmbH, Stuttgart, S. 1128 f., S. 1151; **31** Krüger, Karen: Eine Reise durch das islamische Deutschland. Reinbek: Rowohlt Verlag 2016, S. 333 ff.*; **32 f.** Kuschnarowa, Anna: Djihad Paradise. © 2013 Beltz & Gelberg in der Verlagsgruppe Beltz, Weinheim und Basel 2013, S. 142 ff.*; **36** Startseite House of One, online: https://house-of-one.org/de; Ausschreibungstext des Architekturwettbewerbs 2012, online: https://house-of-one.org/sites/default/files/downloads/auslobungarchitekturwettbewerb.pdf*; **37** von o. nach u.: Die Bibel. Einheitsübersetzung der Heiligen Schrift, vollständig durchgesehene und überarbeitete Ausgabe. © 2016 Katholische Bibelanstalt GmbH, Stuttgart, S. 1128 f., S. 1130; Mahabarata online, Buch 13 (Anusana Parva), Abschnitt 113, Vers 8: www.sacred-texts.com/hin/m13/m13/m13b078.htm); übers. v. Kisari Mohan Ganguli; Yahya ibn Sharaf al-Nawawi: Das Buch der vierzig Hadithe, Kitab al-Arba'in. Mit dem Kommentar von Ibn Daqiq al-'Id, Aus d. Arab. übers. u. hrsg. v. Marco Schöller, 13 (Sprüche Mohammeds), Leipzig: Verlag der Weltreligionen im Insel Verlag 2007; Reden des Buddha, übers. v. Ilse-Lore Gunsser, Stuttgart: Reclam Verlag 1987, S. 40 f.; **38** Keith Chesterton, Gilbert: Die Leute streiten nur deshalb, weil sie nicht argumentieren können, übers. d. Verf.; **39** Von Ebner-Eschenbach, Marie: Gesammelte Schriften, Band 1: Aphorismen, Parabeln, Märchen und Gedichte. Norderstedt: Vero Verlag, 1. A. 2015, S. 15; **42** Schnurre, Wolfdietrich: Ich frag ja bloß. München: List 1973, S. 44.; **54 ff.** Held, Kurt: Die rote Zora und ihre Bande, Mannheim: FISCHER Sauerländer 2013; **57 f.** Höfler, Stefanie: Tanz der Tiefseequalle. Weinheim: Beltz & Gelberg 2017, S. 6 ff., 12 f.*; **59 f.** Anna Belitz: „Und die ganze Klasse lachte mit", SPIEGEL v. 02.12.2016: https://www.spiegel.de/lebenundlernen/schule/mobbing-in-der-schule-tipps-von-einem-ehemaligen-opfer-a-1115344.html*; **68** Llenas, Anna: Das Farbenmonster, übers. v. Katrin Behringer, Freiburg i. Br: Christophorus Verlag 2015; **87** Artikel 31 UN-Kinderrechtskonvention 93 zum Recht des Kindes auf Ruhe und Freizeit*; Paragraph 1619 Dienstleistungen im Haus und Geschäft*; **93 f.** Karsten Polke-Majewski: „Streitet euch", ZEIT ONLINE v. 19.11.2012: https://www.zeit.de/gesellschaft/2012-11/streitkultur-editorial; © Parvin Sadigh für ZEIT ONLINE (www.zeit.de) vom: 21.11.2012 „Schule ist der beste Ort zum Streiten"*; **94** Lenz Jacobsen: „Wutbürger - Wir lassen euch nie mehr in Ruhe", ZEIT ONLINE v. 14.11.2012: https://www.zeit.de/gesellschaft/2012-11/streitkultur-wutbuerger*; **95** Frank Buchmeier: „Hartnäckige Stuttgart-21-Gegner – wir geben niemals auf", Stuttgarter Nachrichten v. 18.5.2018: https://www.stuttgarter-nachrichten.de/inhalt.hartnaeckige-stuttgart-21-gegner-wir-geben-niemals-auf.3ed664c2-046f-48af-a62b-d12f7619b0b1.html; **96** Doderer, Heimito von: Die Wasserfälle von Slunj, München: C. H. Beck, 2. Auflage 2016; **99 f.** Raml, Sabine: Heldentage. Do what you love!München: Heyne fliegt (Verlagsgruppe Random House) 2015, S. 9 ff.*; **103** Markus C. Schulte von Drach: „Großbaustelle Gehirn", in: Süddeutsche Zeitung v. 10.01.2018*; **107** Text zitiert nach: Bundeszentrale für politische Bildung (Hg.), Markus Hug: Themenblätter im Unterricht: Hotel Mama – oder die Kunst erwachsen zu werden. Franzis Print & Media 2002 Nr. 21, Arbeitsblatt; **110** Frei, Frederike: Selbstporträt, aus: Joachim Schlichting: „Ich betrachte mich, wie man ein Bild betrachtet (Pierre Carlet de Mariveaux)", v. 18.02.1999, online: https://hjschlichting.files.wordpress.com/2011/01/ich_betrachte_mich__wie_man_ein_bild_betrachtet1.pdf; **113** Shakespeare, William: Wie es euch gefällt. In ders., Sämtliche Werke in vier Bänden, Bd. 1. Hrsg. v. Anselm Schlösser, übers. v. August Wilhelm Schlegel, Dorothea Thieck, Wolf Heinrich von Baudissin. Berlin/Weimar: Aufbau Verlag, 1975, S. 673 f; **114** Fromm, Susanne: Die Stimme des MAN. In: Arbeitstexte für den Unterricht: Lust am Denken. Texte zum Philosophieren. Stuttgart: Verlag Philipp Reclam jun. 2004, S. 45 f.; **115** Weißenfeld, Curt von: Der moderne Knigge. Berlin: Verlag Wilhelm Möller 1916, S. 92 f.; Goethe, Johann Wolfgang von: Wilhelm Meisters Wanderjahre, 1821; **117** Rauert, Annette: Der Schritt zurück, in: Lore Graf (Hg.), Geschichten zum Nachdenken. München: Kaiser 1980, S. 290*; **130** Josef Wirnshofer: „Hast du dich schonmal ,influencen' lassen?", fluter v. 23.06.2017: https://www.fluter.de/wie-influencer-kaufentscheidungen-beeinflussen*; **131** Brüder Grimm: Hans im Glück, in: dies., Die schönsten Kinder- und Hausmärchen, 1819.

Die mit * gekennzeichneten Texte wurden aus didaktischen Gründen gekürzt und/oder verändert.

Redaktion: Stefanie Geib, Ninja Süßenbach
Illustration: Constanze Spengler, Hamburg; Dorothee Mahnkopf, Diez a. d. Lahn;
Constanze Guhr, Berlin
Grafik: Detlef Seidensticker, München
Umschlagkonzept und -gestaltung: Corinna Babylon, Berlin
Layoutkonzept: floxdesign, Elke Rohleder, Berlin
Layout und technische Umsetzung: krauß-verlagsservice, Ederheim/Hürnheim

www.cornelsen.de

1. Auflage, 2. Druck 2021

Alle Drucke dieser Auflage sind inhaltlich unverändert und können im Unterricht nebeneinander
verwendet werden.

© 2020 Cornelsen Verlag GmbH, Berlin

Druck und Bindung: Livonia Print, Riga

ISBN 978-3-637-01789-4 (Schülerbuch)
ISBN 978-3-637-02054-2 (E-Book)